Public Education

公共教育

[美] 劳伦斯·A·克雷明（Lawrence A. Cremin） 著

宇文利 译

中国人民大学出版社
·北京·

Public Education

公共教育

[美] 劳伦斯·A·克雷明 (Lawrence A. Cremin) 著

宇文利 译

中国人民大学出版社
· 北京 ·

序 言

在《公共性及其问题》的结尾部分，约翰·杜威（John vii
Dewey）写道：

> 我们只是稍稍触及了要使庞大的社会变成伟大的共同体时必须实现的条件。在这样的社会里，应全面地了解相互关联的行动不断扩大而又复杂分裂所造成的结果，以便创造出一种有序的、清晰的公共性。

在本书中，劳伦斯·A·克雷明就直面上述话语所隐含的挑战。书中的统一主题与发生在当代社会多重机构中的相关教育活动有关联。他描述了在“教育格局”中这些机构相互联系和结合的方式以及公共教育在当下得以前进的方式。假如我们要理解如何在现代世界中反思经验、如何发现和追求价值，以及如何平衡个体需求与公共需求，这种总体性的描述是很基础的。假如我们要最终理解“使庞大的社会变成伟大的共同体时必须实现的条件”，它的基础性就会更加清楚。

通过对杜威关于“学校教育”和“教育”的区分进行研

VIII 究，克雷明教授扩展了目标教育的概念，并且提出它可以在家庭、教堂、工作场所、出版社以及电视台进行，一点也不亚于在学校内开展。这并不会减弱学校的意义：作为与社会上很多其他教育者相联系并承认其行动的"复杂分裂所造成的结果"，学校被认为扮演了一种整体性而且很重要的角色。相类似的是，师范教育也在某种新奇的方式上受到了挑战，增强的"关联性"和不断扩展成为它的焦点。

本书弥漫着杜威主义的精神，甚至在其再评价中也是如此。那种"不拘一格"的描述，不断地提出有关评估和测量的问题。评测所使用的标准，必须与成长、自我教育以及对公共性的持续搜寻有关。贯穿其中的核心关切，如其必然，与在公共空间的交流、讨论结合在了一起。杜威写道："民主将归于其本身，因为民主是自由生命和丰富共享之名。"劳伦斯·克雷明给民主的对话带来了崭新的生命力。约翰·杜威自豪地将其对公众开放，同时也邀请公众加入其中。

马克辛·格林（Maxine Greene）
约翰·杜威教育与文化研究学会主席

前　言

　　在过去的四分之一个世纪里，美国人在教育上经历了一场 *ix*
革命。这场革命与过去 100 多年里公立学校所取得的发展同样
深刻。这场革命由几个方面的内容构成：高等教育快速扩张，
达到每两个高中毕业生中就有一个人能上大学的地步；人口大
量迁移，从东到西、从南到北、从乡村到城市，以及从城市到
市郊，出现了崭新的、超常规模的需要受教育的人群；前所未
有的大量的女性加入劳动大军，给家庭带来了巨大影响；与后
工业社会的出现，尤其是所谓知识工业的快速增长相联系的工
作的变化；20 世纪 60 年代以来，快速改变了教育的管理和政
治的各种公民权利与解放运动。

　　在所有这些的背后无情地影响着它们的，是由公共电视所
制造的教育转型。1950 年，不到 10％的美国家庭拥有电视机。
今天，这个数字已经发展到大约 96％了。而且，就可以确定的
情况来说，美国家庭中平均每户至少有一个人在每 24 小时中 *x*
看电视的时间超过 6 个小时。看电视最多的是最年轻、最年老

3

以及最穷困的人群。人们已经认识到电视教给人们的东西——不仅仅是通过明确标识为教育频道的节目，而且通过公共和商业制片的所有渠道——96％的美国家庭一天有 6 小时看电视的事实，这本身就是一场革命。这场革命极大地改变了家庭教育，也大大改变了一般意义上对公众的教育。而且，它也从根本上使所有教育进程的背景发生了转型。

本书的目的，在于勾勒一种思考这些变革的公共教育理论，并在常识意义上把理论当作对某一领域的系统描述或总体陈述。我论证的重点是不拘一格的，所做的努力旨在指明公共教育机构的范围和种类，并指明因其考虑到自身的政治发展而必须使公众参与其中。好的理论能够在各种层面上服务于很多目的，但至少应当表达出其试图阐明的现象的丰富性和复杂性。但是，恰恰是这种丰富性和复杂性的意蕴，在近些年关于教育的讨论中一直被忽略掉了。

为此目的，第一篇文章讨论了进步主义教育理论的局限性，这种局限性实质上是把注意力局限在对学校以及学校与社会之间的关系上了。我的论点是，进步主义在 20 世纪中间的数十年里成为美国教育的主流，其局限性现在看来是属于某一类的局限性。第二篇文章提出了对进步主义理论的修正，试图更全面、更有效地详述教育情境问题。第三篇文章探究了这种修正对教育领域公共政策制定的意义。第四篇文章探讨了这种修正对于教育者的教育的意义。

第一篇文章的某些部分和第三篇文章的大部分早先曾作为

1975 年 2 月约翰·杜威教育与文化研究学会的致辞。我应当对学会的工作人员以及讲座委员会的成员给我那次机会而感到荣幸并说声感谢。我庆幸在杜威在世的最后几年认识他，并不断地就这些文章中提出的某些问题和他交流。当然，他不应当对这里的结论负责，但我应表明我把这里提出的观点看作基本上是对杜威观点的延续，亦即它们仍在《民主主义与教育》（*Democracy and Education*，1916）和《公共性及其问题》（*The Public and Its Problems*，1927）的精神和框架之中，尽管它们也根据新环境的需要尝试着再提供一些公式。

最后，我很愿意对纽约卡耐基基金会持续鼓励和支持我的学术研究表示感谢。

劳伦斯·A·克雷明

目　录

◼ 进步主义教育理论的问题

I

我认为，进步主义教育理论中有一个根本性问题很值得那 3
些关心当代美国教育政治的人仔细地研究。人们可以用相当专
业的术语来描述这个问题，因为对学校和社会之间两极性的裁
定并不能充分地使教育情境的现实具体化。或者，人们也可以
更简单地描述它，因为聚焦于学校的潜能、视之为社会进步和
改革杠杆的那种趋势太过于专一了，以至于它忽视了其他教育
机构的可能性。

在很多关于进步主义的经典文献中——或许其中最引人注
目的是约翰·杜威的《民主主义与教育》——该问题是可以辨
认出来的。让我们回忆一下杜威在这本著作前面部分的论证。
杜威告诉我们，生命体和无生命体之间最重要的区别是生命体 4
通过再生保持自身。在人类之中，这种再生是通过一个文化传

1

递过程来实现的,杜威把它称作"广义的教育"。广义的教育
是持续的、普遍存在的、具有渗透性而且无所不能的。的确,
它非常强大,以至于杜威得出了这样的结论:成年人有意识地
控制儿童所获得的教育的唯一方式,就是控制他们行动、思考
和感知的环境。①

随后,在一个重要的话题转换中,杜威继续告诉我们,每
个人从和他人共同生活中获得的教育与由学校提供的有目的的
教育之间存在明显区别。在日常生活过程中,教育是偶然的;
在学校求学,教育是有目的的。在论证该观点时,杜威采取了
人们所熟悉的推进式策略,即回归到某些原初社会状态中机构
的起源问题上。他告诉我们,家庭起始于满足对食物的需要,
并保证家族氏系的永续性。他接着指出,宗教组织起始于防备
某些罪恶的影响和希望获得至高权力的愿望。有组织的工作起
始于一个人对他人的直接役使。他指出,任何可能来自参加这
些组织的教育,至多都是偶然性的。而且,事实上,他通过图
示表明,除了入会仪式外,野蛮人没有特殊的工具或材料或机
构来教育年青的一代。就其大部分而言,他们依靠那种来自共
同活动的偶然性的学习。②

然而,伴随着文明的进步,生活变得愈加复杂,而且成年
人所做的大部分事情特别复杂,以至于单纯地参与不再能够保
障文化的传递了。杜威指出,此时,被称为学校的有目的的机

① John Dewey, *Democracy and Education* (New York: Macmillan, 1916), p. 3.
② Ibid., pp. 7–8.

构和被称作学习对象的明确的材料就开始形成了。传递某种具体生活内容的任务就由叫作教师的一群特殊的人来完成。杜威非常仔细地指出，学校是传递文化的一种重要方式，但只是众多方式之一。而且，与其他机构相比，它是一种相对浅显的方式。不过，学校是成年人真正控制的、唯一系统地和有意识地运转的教育年轻人的方式。[①]

一旦实现了这个跨越，它在杜威的论证中就成了决定性的。尽管杜威在某些地方返回到他称为"社会环境"的论题上，但其余部分不是关于家庭或教会或工作的，而是关于学校的。杜威的教育理论最终是一种关于学校和社会的理论。在杜威主要关注调和学校与社会的二元性的同时，我却要强调这样一种事实：他恰在试图调和的过程中有可能给我们留下了理论两极性。这样说并不是否定杜威时代的学校是深奥的、形式主义的、需要与社会进行调和的，而是为了表明杜威有可能最终成为他打算调和的那种两极性的牺牲品。[②]

那种两极性对 20 世纪 20 年代和 30 年代的教育与政治的讨论产生了巨大的影响。从大萧条年代早期在进步主义阵营内部提出的两种截然不同的观点中，我们就可以看出这一点。一方面，乔治·S·康茨（George S. Counts）问道："学校敢建立一种新的社会秩序吗？"他还呼吁教师直率地向孩子们灌输民主社会主义的价值观，以此作为他们对重构美国社会发展的贡

① Dewey, *Democracy and Education*, pp. 8–9.
② Ibid, pp. 12–27 and *passim*.

献。然而，对于康茨的论点，杜威回应说，不管教师是否敢于以那种特定的方式或其他方式建立一种新的社会秩序，他们或许都不能做到。在现代工业社会里，在多种多样的政治和教育机构中，学校根本不会成为政治、智力或道德变革的主要决定因素。学校最多能做到的将是形成走向变革社会秩序运动所必需的理解和情操。[①]

另一方面，筹备《教育前沿》(*The Educational Frontier*)的那群人（杜威也是其中之一）则持相反的意见。与提问学校是否敢于建立一种新的社会秩序的观点大为不同的是，他们对学校在实施其运作的更大社会氛围发生根本变化之前不会做出任何明显的改变感到绝望。因此，罗伯特·布鲁斯·劳普(Robert Bruce Raup)呼吁教师们进入政治序列并且为获得好生活而奋斗，由此创建一个更友好、更有效的世界来进行教育。劳普坚持说："当学校期望的那类性格太过于依靠整个文化的状况来获得支持，而这种支持没有来到之时，教育者的责任就是进入社会，来激发并创造这种支持。"然而，尽管杜威是年鉴委员会的成员之一，但他在这里又表示了异议，声称他所赞同的教育者帮助变革社会秩序的发展，决不等于赞同学校投身政治舞台并和其中某些特定的政党站在一起。[②]

----

① George S. Counts. *Dare the School Build a New School Order*? (New York: John Day, 1932); John Dewey, "Education and Social Change," *The Social Frontier* 3 (1936—1937): 237, and "Can Education Share in Social Reconstruction?" *The Social Frontier* 1 (1934—1935): 11–12.

② William H. Kilpatrick, ed., *The Educational Frontier* (New York: D. Appleton-Century, 1933), p. 100; Dewey, "Education and Social Change," p. 236.

现在，对于我提出的那些问题，我的兴趣是只偶尔地提及杜威，主要在于解释问题本身。因为，按照最后的分析，进步主义者的结果是面临一种困境：鉴于学校没有什么权力，他们要么使学校政治化，而仍对他们的努力保持怀疑；要么放弃学校而进入政治序列，寻求渐进地或大幅度地改变年轻人成长的整个社会氛围。1933 年春，杜威在教师学院一个关于早期儿童教育的研讨会上所做的发言，很好地揭示了这个困境。他的发言以一句名言开始："关于乌托邦的最具空想性的事情是根本不存在学校。"杜威接着说，乌托邦里的教育，不来自学校，因为孩子们学习的是在与指导他们行为的成年人的非正式联系中 必须知道的东西。到目前为止，（他的说法）还不算错。不过，杜威并没有从这点出发继续去描述一个价值观特别普及、机构特别协调、通过生活的过程来塑造年轻人的乌托邦社会。相反，他接着描绘了一个有学校的社会，但这些学校基本上是他和他女儿埃弗琳（Evelyn）在《明日的学校》（School of To-Morrow, 1915）中所写到的那种行为学校。1933 年，杜威仍旧试图调和学校和社会的二元性，但他却彻底地成为他自己理论两极性的牺牲品。而且，事实上，那种理论两极性一直影响到现在。我们在 20 世纪 60 年代教育改革运动的矛盾心理中可见到它，其一方是自由学校的拥护者，另一方则为去学校论者。我们也在 20 世纪 70 年代中期美国思想的巨大摇摆——从长达一个世纪之久的过分地依赖学校教育、视之为社会灵感的普遍工具，到一种广泛传播的对学校教育的解脱式的清醒（人们或许以一种更加危险的形式）——中见到过它。不管我们是否喜欢杜威和进步主义者，我们都是他们的规划的继承人。具有讽刺意味的是，一个忘记了杜威的时代，仍旧由他的分析范畴所掌控着。[①]

II

9　　对进步主义教育运动和更近的 20 世纪 60 年代教育改革运动之间的衔接和相似性的讨论，几乎太普通了。不过，令人感到奇怪的是，系统地论述这个主题的作品却一直匮乏。与早期的运动相似，近年来的运动激起的是对广为人知的当代学校的不足和不平等的抗议。与早期的运动相似，近年来的运动更加明显地多样化了，不仅常常自相矛盾，而且与社会和政治改革的宏大潮流紧密相连。还是与早期的运动相似，近年来的运动包括了非常广泛的参与者，从赞同把弱势的少数人带入教育主流的高端结构计划的平权斗士，到致力于开设英国模式教育的缓和的改革者，再到因毫不妥协地笃信儿童的主权智慧而反对所有社会结构的激进的无政府主义者。[②]

---

①　杜威的话语在 1933 年 4 月 23 日的《纽约时报》中被摘引，其标题是"杜威乌托邦式学校概览"（Dewey Outlines Utopian Schools）。我应该感谢南伊利诺伊大学杜威研究中心主任乔·安·伯德斯顿（Jo Ann Boydston）提供了参考信息。

②　关于评论早期运动和晚近运动关系的近代文献实例，可参见 James R. Squire, ed., *A New Look at Progressive Education* (Washington, D. C.: Association for Supervision and Curriculum Development, 1972); Paul L. Houts, ed., "The Great Alternatives Hassle," *The National Elementary Principal* 52, no. 6 (April 1973); Lawrence A. Cremin, "The Free School Movement: A Perspective," *Notes on Education*, no. 2 (October 1973); and Robert Anderson and Thomas Hunt, "The Free School in America: Another Look," *Educate Journal* 3 (Spring 1975): 10−14.

人们可以从各种起点来鉴别近年来的运动，或许最有意义的是 1960 年 A. S. 尼尔（A. S. Neill）发表的作品《夏山学校》（*Summerhill*）。可能需要指出的是，该书的最初面世标志着美国出版历史上的一个令人失望的事件。该书中没有任何东西是新颖的——尼尔曾经撰写过十多本关于教育的书籍，而且大部分他所推荐的书都曾经在 20 世纪 20 年代和 30 年代的进步主义学派中以某种方式尝试过。当《夏山学校》最初的出版者第一次公布书名时，全国没有一个书商预订一本样书。然而十年后，这本书以每年 20 万本的速度销售。巧合的是，1960 年也是保罗·古德曼（Paul Goodman）的《荒唐地成长》（*Growing Up Absurd*）出版之年，该书呼吁完成"现时代遗失的和妥协的革命"。在这些书中，革命即进步主义教育。①

不管人们如何确定其准确的起点，进步主义运动在其早期阶段发展得很缓慢，主要是在全国各地的夏山学校和夏山学会组织中表现出来的。在 20 世纪 60 年代中期以后，运动获得了契机，并由约翰·霍尔特（John Holt）、约瑟夫·费瑟斯通（Joseph Featherstone）、乔治·丹尼森（George Dennison）、詹姆斯·赫恩登（James Herndon）和乔纳森·寇佐（Jonathan Kozol）［他的《早亡》（*Death at an Early Age*）一书在 1968 年获得了国家图书奖］等人的著作激发，同时还因为英国的伦纳德·G·W·西利（Leonard G. W. Sealey）和诺拉·

① Paul Goodman, *Growing Up Absurd: Problems of Youth in the Organized System* (New York: Random House, 1960), pp. 217, 225.

L·戈达德（Nora L. Goddard）以及美国的莉莲·韦伯（Lillian Weber）和约翰·布雷默（John Bremer）等教育家的创新而受到刺激。到 20 世纪 70 年代早期，当艾伦·格劳巴德（Allen Graubard）可以数出几百个自由学校或生长于"体制之外"的新学校，任何有兴趣的观察者都可以差不多列举出上千所学校、校中校，以及被当作公共教育体系的一部分并以替代项目、开放项目或非正式项目等各种名称出现的校内工作室的时候，这场运动达到了顶峰。①

运动到达顶峰的一个事件，当属 1970 年查尔斯·E·西尔贝曼（Charles E. Silberman）的重要著作《教室中的危机》（*Crisis in the Classroom*）的问世。很有意思的是，西尔贝曼的著作并不是关于教育改革的。1966 年，他在纽约卡耐基基金会的赞助下承担了一项对教育者受教育情况的研究。一句很难解读的术语——"教育者的教育"——成为这项研究最初意向的线索。也就是，超越传统的对教师教育的探究——长期以来一直聚焦于为准备在中小学终生服务的人提供教育的学校与院系的角色——发展成为一个更为宽泛的对准备成为公众教育者的大学角色的探究。

---

① Allen Graubard, "The Free School Movement," *Harvard Educational Review* 42 (1972): 351 – 373 and *Free the Children: Radical Reform and the Free School Movement* (New York: Pantheon Books, 1972)。很难严格地确定都有哪些人可以包括进去作为后期运动的主要知识分子。John Holt 在 *Freedom and Beyond*（New York: E. P. Dutton, 1972）中提供了一个参考文献。我也在 "The Free School Movement: A Perspective," *Notes on Education*, No. 2（October 1973）中提供了一个参考文献。英国方面的分析可见 David H. Hargreaves, "De-schoolers and New Romantics," in Michael Flude and John Ahier, eds., *Educability, School and Ideology*（London: Croom Helm, 1974）, pp. 186–210.

西尔贝曼在研究的计划书中写道："如果我们的关注点是教育……我们不能把注意力局限在学校上，因为教育不是教学的同义语。儿童和成人在学校之外学习的东西不亚于，或者要多于在学校内学到的东西。这样说并不是贬低学校的重要性，而是对美国社会所有其他教育力量——家庭和社区、学生团体、电视和大众媒体、武装力量、企业培训项目、图书馆、博物馆、教会、童子军、4H 俱乐部等——给予适当的评价。因此，在这项研究中，我们的关注点在于对教育者——新闻工作者、电视导演和制片人、教材出版商和军队首脑，以及教师（大学学院、专科学院和教区学校教师，以及公立学校教师）——的教育上。"①

从一开始，西尔贝曼就很睿智地坚持这样一种观点：如果没有对于未来数十年教育本身将会成为什么样子的清晰思考，那么人们就不应该就教育者的教育提出什么建议。因此，在研究的第一阶段，他计划下大力气对学校和其他教育机构进行一次调研，目的是确定它们发展的基本方向。这个决定是一个好兆头，因为在历经了四年时间有目的的探究中所发生的一系列细微转变之后，研究慢慢地变成了对 20 世纪 60 年代教育改革运动的评估。它收集和划分了不同的创新标准，并把它们编织成一个连贯的、有说服力的项目。由于卡耐基基金会的支持以及西尔贝曼设计的适时性，这本书赢得了广泛且引人尊敬的关注，并且在使当代评论家的批判和建议合法化方面颇有建树。

---

① Charles E. Silberman, "The Carnegie Study of the Education of Educators: Preliminary Statement," September 26, 1966, unpublished memorandum, p. 2.

13   而且，由于西尔贝曼本人的成熟智慧，这项研究堪称与近来的
改革运动相关联的最富才学和见多识广的分析，这本书很快就
成为对现代教育进步主义理论陈述中最受尊敬的（尽管或许不
是最广为传阅的）书籍。

　　因此，在追问杜威主义关于学校和社会两极性的命运上，西
尔贝曼的分析具有了特殊的意味。事实上，它很精妙地举例论证
了杜威主义观点中所隐含的那种持久的困境。西尔贝曼在开头的
引言中重复了研究计划书的构想：书的关切点是所有的教育机
构——不仅包括学校和学院，还包括电视、电影和大众媒体，教
会和犹太教会，律师，医药和社会工作，博物馆和图书馆，军事
力量，企业培训项目和童子军——以及大学在培养为这些机构提
供服务的有责任心的专业人士上的角色。西尔贝曼很早就提出，
美国教育的中心问题不是贪腐、冷漠或愚蠢，而是毫无意识。由
此，解决方案就是给各种教育机构注入目的性，而且更为重要的
是，注入关于目的性的思想以及实现或改变目的性的技巧、内容
和组织的途径。"我们必须找到方法来激励教育者——公立学校的
教师、校长和主管；大学教授、系主任和院长；电台、电视和电影
导演和制片人；报纸、杂志和电视记者及经理——思考他们在做

14   什么以及为什么这样做。我们必须劝说公众也做同样的事情。"①

　　到目前为止，西尔贝曼的论点的精髓都是杜威主义的。此
后，他推进研究的方式也是如此。因此，除了对当代新闻学的枯

_____

① Charles E. Silberman, *Crisis in the Classroom*: *The Remaking of American Education*
(New York: Randon House, 1970), p. 11.

10

燥乏味做了些简评，以及对非正式教育机构的再生有另一种展望之外，余下的研究全部都是跟学校有关的——包括对其缺陷的批评、对其改革的系列建议（这些建议很多都采用了杜威主义的模式），以及对有助于并支持着改革师范教育的设计。最后，在一个简短的后记中，西尔贝曼表露出了典型的杜威主义的政治姿态。他引用杜威的话说："在一个只有国家自身而没有其他机构的范围内，学校具有调整社会秩序的力量。"接着，西尔贝曼评述说："教室内的危机只是作为整体的美国社会的较大危机的一个方面，该危机的解决方案至多是存在问题的。然而，面对艰巨的任务束手无策是不行的。我们必须在能够着手的地方紧紧地抓住它，因为一直以来，失败的时间太长久了。除非我们能够创造和保持人性化的教室，否则我们就无法创造和保持一个人性化的社会。不过，假如我们的努力获得了成功——如果我们成功地再造了美国教育——那么，我们就朝着完成一项巨大的任务迈出了一大步。"在其他教育者尚未提出有前景的提议之前，学校 ¹⁵ 仍然会是制造和发展美好社会的首要杠杆。①

Ⅲ

西尔贝曼小心翼翼地把他自己的研究观点与约翰·霍尔特、乔治·丹尼森和保罗·古德曼等"浪漫主义批评家"的观点区分开来，就像此前的杜威把自己与"儿童中心"学派区分开一样。

---

① Silberman, *Crisis in the Classroom*, pp. 522-524.

不过，当西尔贝曼和"浪漫主义批评家"在会议上和媒体上对对方的论点互相认可后，这种区分就变得模糊起来了。然而，对于伊万·伊利奇（Ivan Illich）来说，他们都是一丘之貉。他们都是改革者，依旧致力于"一个学校化的世界的基本公理"。伊利奇本人是地道的激进分子，把世界所面对的最为深奥的政治议题理解为并不是如何改进学校教育，而是是否还要继续保留它的问题。①

　　如果说西尔贝曼的研究对 1970 年的教育背景的呈现是基于卡耐基基金会的全面声誉的话，那么伊万·伊利奇研究工作的出现则是由于伊万·伊利奇本人超凡的个人魅力。伊万·伊利奇是一位沉湎于后约翰尼改革主义精神的罗马天主教神父。他在墨西哥的库埃纳瓦卡（Cuernavaca）创立了国际文献中心（Center for International Documentation），试图去阻止一场他认为会对拉丁美洲有害的、从北到南的全国性的传教运动。他在国际文献中心进行研究，在此之前他是纽约城市中西班牙人哈莱姆区的一名教区神父，曾任波多黎各天主教宗座大学的副校长。这些经历使他对所有现代的研究机构持激烈反对的态度。他把包括学校、家庭、政党、军队、教堂及传播媒体的现代教育机构称为"与国家合作的官僚政治机构"。《意识的庆祝》（*Celebration of Awareness*，1970）、《去学校化的社会》（*Deschooling Society*，1971）、《快乐的工具》（*Tools for Conviviality*，1973）三个单卷本收录了他一系列一针见血的论文，进一步阐述了"废除学

---

　　① Silberman, *Crisis in the Classroom*, pp. 209–210; Ivan Illich, *Deschooling Society* (New York: Harper & Row, 1971), p. 67.

校"的论据，并作为反对他所认为的对大部分人类基本价值造成最终毁灭的政府机构的典型论争。①

与西尔贝曼不同，伊万·伊利奇几乎没有受惠于杜威，他的论点更多来自德国神学家迪特里希·潘霍华（Dietrich Bonhoeffer）。但在他呼吁工作机构、娱乐机构和政府机构应该最终由它们满足人们成长和学习需要的能力来判断这一点上，伊万·伊利奇和杜威的观点很相近。并且伊万·伊利奇的观点具有重大意义，对杜威的困境来说无疑是雪中送炭。因为伊万·伊利奇同 1970 年的任何教育理论家一样，认识到尽管有许多岗位和机构从事教育，但是学校却只有一个。不过，伊万·伊利奇准备把杜威的解答从反面来思考，他声称除非人们从现代教学体系这一祸根中解放出来，否则其他机构的教育就会一直被严重束缚。伊万·伊利奇在《去学校化的社会》中说道："学校，无论如何都不是唯一一个以塑造人的社会观为首要目的的现代机构。来自家庭生活、征募、保健服务，以及所谓的专业主义或者媒体的隐性课程，在操控人们的世界观、语言和需求方面扮演着重要的角色。但是学校的钳制却更深刻、更系统，学校被认为其首要功能是培养人们的判断力。矛盾的是，学校却是试图通过使学生学自己、学他人、学取决于一个预设的进程的自然来达到这一点。学校如此紧密地接触着我们，以至于没有人能够借助任何力量摆脱它的束缚。"②

17

---

① Illich, *Deschooling Society*, p. 2.
② Ibid., p. 47.

　　为代替作为典型的（和普遍的）"操纵性"机构的学校教育，伊万·伊利奇提出了"快乐友好的"教育机构，他称之为学习网络——允许任何学生在任何时间进入任何可能帮他明确目的、达到目的的教育资源的志愿网络。他提出四类志愿网络：教育对象的查询服务，它提供可以用于正式学习场合（如图书馆、实验室、纪念馆、剧院、工厂、农场和机场）的学习资料或流程方法的机会〔理查德·索尔·沃纳姆（Richard Saul Wurnam）的《学习资源黄页》（*Yellow Page of Learning Resources*，1972）可能把这些查询服务具体化成了与任何其他资源等同的资源〕；技能互换，这可以使想学习某种技能的人找到愿意教授或培训这种技能的人；朋辈配对，在学习过程中，允许学习者组成非正式的志愿性协会；普通教育者的咨询服务，为愿意在某种规定条件下从事教育的专业人士、辅助专业人士和自由职业者提供机会。作为资助此类机构的方式，伊万·伊利奇建议创办一种由大众支撑的教育护照或"教育信用卡"。在每位公民出生时就授予他，让他终身享有接受一定数量的教育的权利。①

　　伊万·伊利奇的分析可能会在一些方面受到批判。比如：对学校作用的极坏的描述；对人的本性的简单化理解（如果考虑到伊万·伊利奇在神学方面的背景的话，这一点就更加突出了）；对人们一旦完全听任媒体的流行性贩售和娱乐时将会发生的那些事情所抱有的不切实际的想法。但对于这里论争的目的来说，重要的既不是批评，也不是揭露更进一步的细节，而是理解教育

_____

　　① Illich, *Deschooling Society*, pp. 78-79.

与政体的相对关系。在伊万·伊利奇看来，有各种意图和目的的政体包含了教育性的功能，并且形塑了处在欢愉关系中的人们。反过来，处在欢愉关系中的人们组成了政体，并在此过程中相互教育着。事实上，伊万·伊利奇在理论上实现了 1933 年杜威所描绘的乌托邦，其中最具有乌托邦性质的特点就是它没有学校，学生——不，是所有人——都是通过人们之间的非正式联系学到他们需要知道的知识。这个成就——因其所有的荒唐性——仍可以解释 20 世纪 70 年代早期当教育改革出现短暂的高潮时，美国知识 *19*
分子对伊万·伊利奇的观点那种莫大的（即便是暂时的）痴迷。①

Ⅳ

杜威曾预言说，当进步主义教育运动放弃"进步主义"这一术语并且把有关教育的争论转变成关于对美好生活看法的争论时，一个新时代就会来临。他说道："这样，我们便清楚了真正的问题存在于真教育与事实上的假教育之间，存在于旧的、常规的、机械的教育与新的、生动的、发展的教育之间的冲突中。这事实上就代表了发现在当前生活条件下的材料和方法并将其应用到实践中去的抗争，才是真正具有教育性的。"②

---

① 对伊万·伊利奇观点的自由主义批判，请参见 Sidney Hook, "Illich's De-Schooled Utopia," *Encounter* 38 (1972)：53－57。要参看激进的批判观点，见 Herbert Gintis, "Towards a Political Economy of Education：A Radical Critique of Ivan Illich's Deschooling Society," *Harvard Educational Review* 42 (1972)：70－96。

② John Dewey, "Introduction," in Agnes de Lima, *The Little Red School House* (New York：Macmillan, 1942), p. ix.

我猜想，杜威的预言是长时间以来一直发生着的。事实上，我在别处也说过，到 20 世纪 50 年代，进步主义的最基本的信条已经成为美国教育的传统智慧。数次在科南特（Conant）报告中提出的项目、1960 年亚瑟·D·莫斯（Arthur D. Morse）在《明天—今天的学校》（*Schools of Tomorrow-Today*）中提出的创新、脱胎于学校数学研究小组的工作的课程改革、生理科学研究会，以及在其他知识领域中的对等者，都没有改变进步主义的主要原则，反而把它们确立并扩展了。事实上，20 世纪 60 年代的自由学校运动，甚至 60 年代后期和 70 年代早期的去学校化运动（就其与进步主义教育运动中较早的那种无政府主义血统相联系这一点而言），都保持了一种基本上持续的教育抗争和改革的传统。然而正是这种持续的事实，才使得进步主义的困境急切并决然地进入了我们这个时代。[1]

晚年杜威害怕进步主义时代的成就会被"在教育中出现的时钟倒拨"消除掉。不过，他更害怕的是进步主义教育运动自

---

[1] 我认为 20 世纪 50 年代和 60 年代早期所见的课程改革运动实质上是早期进步主义教育运动的持续，这可见于 *The Genius of American Education* （Pittsburgh：University of Pittsburgh Press，1965），pp. 54-55。另一方面，在 *The Transformation of the School：Progressivism in American Education，1876—1957* （New York：Alfred A. Knopf，1961）中，我没有对早期运动中的无政府主义的思想传统给予适当的注意。对此传统的很好阐述，请见 Laurence Veysey，*The Communal Experience：Anarchist and Counter-Cultures in America* （New York：Harper & Row，1973），chap. 2。值得注意的是，那些试图发出教育无政府主义哲学声音的人，最著名的如伊丽莎白·伯恩·费姆（Elizabeth Byrne Ferm）与亚历克西斯·C·费姆（Alexis C. Ferm），他们本身就致力于教育活动并且实际上也经营学校。费姆夫妇有几年与新泽西斯代尔顿的现代学校有联系，该学校因为著名的西班牙无政府主义者弗朗西斯科·费勒（Francisco Ferrer）的现代学校（Escuela Moderna）而得名。参见 Elizabeth Byrne Ferm，*Freedom in Education* （New York：Lear Publishers，1949）；and Arthur Mark，"Two Libertarian Educators：Elizabeth Byrne Ferm and Alexis Constantine Ferm （1857—1971）"（doctoral dissertation，Teachers College，Columbia University，1974）。

身僵化成一系列固定的原则、标准的程序和现成的规定，像万金油一样炫耀于世。"它应该成为一个普通的现象，"他在最后 *21* 发表的关于教育的文章中谈道，"但很遗憾，它还不是。没有任何教育——或者就此而言，任何其他事情——是进步主义的，除非它在取得进步。没有任何事情在其结果上比努力靠着观念、原则、风俗、习惯或（过去某时代表进步而现在却成为我们面临的问题之组成成分的）机构生存更为反动了。新问题要求为眼前的新目标和新目的的投射提供明智的解决方案，而新目的又使得新途径和新方法的发展成为必然。"人们会加上这样一点：所有这些，都需要对要解决的问题重新界定，对解决过程中必须弄清的要素重新界定。①

那么，为了说明重新界定这件事，我们就回到《民主主义与教育》的构思上来吧。杜威出错的地方似乎在于他关于偶然性教育对比目的性教育的讨论，在这一点上，他思考了机构的起源而非其作用。家庭可能开始于满足食物需求和获得家族世系永久传续的期望，这中间什么是重要的呢？宗教团体可能开始于抵御邪恶的影响并保证至高权力欲望，这中间什么是重要的呢？有组织的工作可能开始于奴役他人，这中间什么是重要的呢？一方面，我们不可能真正知道它们是如何开始的；另一方面，关于起源的问题或许不是论点的中心。重要的事实是，家庭生活的确在教育，宗教生活的确在教育，工作组织也的确 *22*

---

① John Dewey, "Introduction," in Elsie Ripley Clapp, *The Use of Resources in Education* (New York: Harper & Brothers, 1952), pp. viii, ix.

在教育；还有，这三个领域的教育尽管与学校教育在种类和质量上有所不同，但都是有目的性的教育。

每个家庭都有一种课程，这种课程一直在有意地而且系统地教授着；每个教会或犹太教会都有一种课程，它也一直在有意地而且系统地教授着——毕竟，《旧约》和《新约》是我们最古老的课程，做弥撒和做祷告也是，公祷书也同样如此。每个雇主都有一种课程，总是在故意地而且系统地教授着。这个课程不仅仅包括打字、焊接、收割、讲课等专业技能，也包括在既定时间安排内、依照确定的预期及例行程序、与他人合作执行这些活动的社交能力。人们还可以继续指出，图书馆里有课程，纪念馆里有课程，童子军中有课程，日托中心有课程，或许最重要的是，广播和电视中也有课程——所谓这些课程，我指的不仅仅是标明为教育的节目，也指新闻播报和纪录片（它可能会给人们提供信息）、广告（它教给人们需要什么东西）和肥皂剧（强化公众神话和价值观）。①

---

① 关于家庭教育，见 Hope Jensen Leichter, ed., *The Family as Educator* （New York: Teachers College Press, 1975)。关于讲道之术或者祈祷的艺术，存有大量的文献，它们是对教会或犹太教会按其自身权利作为教育者的揭示（与试图解决在教会或犹太教会资助下仅局限于教室内教学问题的"宗教教育"的文献相比较而言）。关于（在我所使用的那个术语的意义上）工厂作为教育者的研究，见 Alex Inkeles and David H. Smith, *Becoming Modern: Individual Change in Six Developing Countries* （Cambridge, Mass.: Harvard University Press, 1974)，especially chap. 10, entitled "The Factory as a School in Modernity"。关于电视作为教育者的研究，见 Herbert J. Gans, "The Mass Media as an Educational Institution," *Television Quarterly* 6 （Spring 1967): 20-37; the several essays in Richard Adler, ed., *Television as a Social Force: New Approaches to TV Criticism* （New York: Praeger, 1975)，especially Douglass Cater, "Television and Thinking People," and Paul H. Weaver, "Newspaper News and Television News"; *Television and Growing Up: The Impact of Televised Violence*, Report to the Surgeon General, United States Public Health Service, Department of Health, Education and Welfare, 1971; Robert M. Liebert, John M. Neale, and Emily S. Davidson, *The Early Window: Effects of Television on Children and Youth* （New York: Pergamon Press, 1973); and Gerald S. Lesser, *Children and Television: Lessons from Sesame Street* （New York: Random House, 1974)。

明确提出这一类的机构，是为了使我们从杜威那一极的观 *23*
点中挣脱出来。杜威的看法是，所有的生活在广泛意义上都是
具有教育意义的，而且其力量也是压倒性地强大无比。而学校
是蓄意教育性的机构，但它一点也不强大。不过，我们有一种
教育理论，认为每个重要的教育机构在与其他机构以及普遍社
会有关时都承担一种斡旋的角色。家庭调解文化，并且也调解
宗教组织、电视传播、学校和雇主协调文化的方式。家庭不仅
凭借自身力量开展教育，而且也筛查和解释教堂、犹太教堂、
电视传播、学校和雇主的教育。我们可以继续以此类推，找出
所有的（教育形式的）排列和（它们之间的）合并（形式）。
此外，这些多样化的机构利用多种教学模式和一系列记录、分
享、分配符号的技术来调解文化。事实上，它们界定了社会中
有效参与和成长这类术语的含义。①

继续在宏大的杜威式背景中进行讨论时，我们就可以提出
一个新的构想：教育的理论是关于各种教育性的交互活动和机构 *24*
之间及其与整个社会之间关系的理论。在这样的理论中，杜威式
的困境就迎刃而解了，因为教育和政体之间的互动变得更加多样
化，因此公众受影响的机会也就更多样和更容易获得了。②

---

① 我这里所使用的"调解"一词，是作为一个对各种功能的类属性的术语，包括筛查、注释、批评、强调、补充、反转和转化。见 Hope Jensen Leichter, "Some Perspectives on the Family as Educator," *Teachers College Record* 76 (1974—1975): 213—215。

② 把"社会"当作一种指向广义背景之途径的常识性的用法（在此广义背景中，会发生特定的社会活动），被公开认为是有问题的，不过也确有帮助［里奥·H·梅休在一篇关于"社会"的文章中讨论了这个问题，见 David L. Sills, ed., *International Encyclopedia of the Social Sciences*, 17 vols. (New York: Macmillan and the Free Press, 1968), 14: 578］。我的意思是指教育机构不可避免地联系着政治、经济和社会机构，虽然我也深知，鉴于我所做出的关于教育的定义，政治、经济和社会机构在某些方面本身就是具有教育意义的。

关于教育的生态学

I

27　　我发现，将教育界定为蓄意地、系统地和可持续地传递、唤起或获取知识、态度、价值、技能或感知的努力，以及获得其他结果的努力，是有价值的。这个界定强调了目的性，不过我很清楚地意识到，在许多没有目的性的情况下，学习也同样会发生。这个界定给学习和教学提供了空间，由此就包括了自学这一重要的领域。而且它承认行为、偏好和兴趣也包括在内，知识和理解也同样如此。它把教育看作一个比社会学家所谓的社会化或者人类学家所说的文化适应更受限制的进程，尽管它也包含了许多相同的现象。还有，它承认在教育者试图教

28　授的东西与平常生活中所学的事情之间常常会存在矛盾。①

---

　　① 这篇文章的内容最初以"关于教育理论的注释"（Notes Toward a Theory of Education）的标题出现，见 *Notes on Education*，no. 1（June 1973）：4-6, and "Further Notes Toward a Theory of Education," *Notes on Education*，no. 4（March 1974）：1-6。关于对社会化的数种现行界定和解释，见 David A. Goslin, ed. , *Handbook of Socialization Theory and Research*（Chicago：Rand McNally, 1969）。关于论述文化适应的类似视角，可见 John J. Honigmann, ed. , *Handbook of Social and Cultural Anthropology*（Chicago：Rand McNally, 1973），chap. 25, and Francis L. K. Hsu, ed. *Psychological Anthropology*，new ed.（Cambridge, Mass. ：Schenckman, 1972）。

　　这一定义范围广泛，表现在它允许我们从若干个不同的角度来观察人们的代际互动。教育可被认为是代际活动，其中有成年人教育孩子［历史学家伯纳德·贝林（Bernard Bailyn）曾将教育定义为"每代人之间的文化传递的整个过程"］，或者孩子教育成年人（人们会想到，在移民家庭中，孩子们学习新文化要相对快些，从而成为父母和祖父母关于新文化的翻译者）；它可以被认为是同代人之间的教育活动［参见罗伯特·F·伯克霍费（Robert F. Berkhofer）在 1965 年出版的《拯救和野蛮时代》（*Salvation and the Savage*）中对美国印第安人的抗议活动有回忆性的描述，这使得灵活使用的"文化互渗"的概念得以产生］；或者它可以被认为是到达某个年龄时的自我意识（常常是名人回忆录或自传中的主旋律）。①

　　这一定义也使我们看到学校和大学之外的众多能够进行教育的个体和机构——父母、同辈、同胞和朋友，还有家庭、教堂、犹太教会、图书馆、博物馆、夏令营、慈善协会、农业展会、小区会所、工厂、广播站、电视网络。它使我们注意到与教育机构相联系的大量职业团体（其中只有少数是受过专业培训的），注意到它们所采用的各种各样的教育方法。它揭示了这样一个事实：那些教育方法中的每一种都会在某个特定的时

---

　　① Bernard Bailyn, *Education in the Forming of American Society* (Chapel Hill: University of North Carolina Press, 1960), p. 14. 家庭中的教育张力见 Oscar Handin, *The Uprooted* (Boston: Little, Brown, 1951), chap. 9. 玛格丽特·米德（Margaret Mead）采用了"时间上的移民"这一概念来刻画比父辈祖辈更易融入变化了的环境的现代儿童最终不得不向父辈祖辈解释新事物的范围。参见 *Culture and Commitment: A Study of the Generation Gap* (New York: The Natural History Press, 1970), chap. 3。

刻对其他的方法产生影响。由此，19世纪复兴主义者的宣教毫无疑问影响到家庭教导，同样《芝麻街》（*Sesame Street*）也毫无疑问地影响到了我们这个时代的学前教育。

最后，这一定义认为，教育通常情况下（尽管不是必然地）会产生某种结果，其中一些可能是出于计划性的，而另一些可能是没有计划过的，而且事实上没有计划过的结果可能比计划过的结果更重要。它同时也认为从政治到商业，再到科技和地震等其他现象可能会在理解、行为和感觉上产生比教育更为重大的变化。有一些人会把所有这些现象都看成是有教育意义的，因为这些现象一贯地塑造着人类并且影响着人类的命运。我发现他们的定义太过宽泛，以至于没有任何意义。我们明显地在学习许多事情，对于这些事情，没有人打算教给我们，而且我们自己也没想到要学。没有任何一个对教育感兴趣的人可以对这种偶然性的学习等闲视之，但是把它称作教育就太过模糊了，并且会混淆人类活动的重要领域，在这个重要领域中，人们会有目的、有计划地改变自己或他人的思维、行为或感觉。

每时每地，人们都会教导他人学习或者自学（或者将别人或自己置于一个希望在知识、态度、技能、欣赏方面产生期望的改变的情形中）。他们理应得到一个具体针对他们的问题和目标的理论，一个能够帮他们更明智地行动、曾经对各种可能性都充满希望但同时也能充分认识到伴随他们努力的局限和风险的理论。

II

一旦意识到了从事教育的那些机构的多样性，那么人们很快就会注意到这些机构在特定的时间和地点在所谓教育格局上互相联系的倾向性。在此结构内，每个机构都与其他的机构相互作用，而且和支撑并反过来影响它的社会互动。教育格局作为一个总体结构，也会和它作为一部分所隶属的整个社会发生互动。

组成教育格局的各种机构之间的关系可能是政治性的、教育性的或者人际的。这里可能会存在支持和控制的重叠性的界限——想一下 19 世纪清教徒牧师组织对俄亥俄山区小镇的家庭、教堂和学校的掌控，或者 20 世纪有教养的上流社会对博物馆、图书馆以及东海岸科学学会的深刻影响。或者在此教育格局中也可能会存在从一个机构延伸到另一个机构的实质性的教育影响。比如，想一下，在我们这个时代中从电影、电视的娱乐方式传播到教堂、大学、成人教育组织的那些影响。或者，实际上，当不止一个机构中的教师或学生接受传递来的影响时，还存在一些产生于某些人的个人影响，比如，组成教育格局的小型宗派团体，像门诺派、犹太人、黑人穆斯林中，就常有这种情况。

组成教育格局的那些机构之间的关系，可能是相辅相成的，也可能是相互矛盾的，即相一致的或不一致的。举例来说，教会和学校都受制于相似的控制源，但最终可能会在资金和项目上产生激烈的竞争。一个人可以看到这样的问题：当今罗马天主教理论家们（预算人员）通过区分宗教的和教育的功能来制定教区学校政策。或者，这些学校以一个近乎完美的互补模式来运行，其中，教会负责解决价值问题，学校负责解决知识问题，并且彼此都承认对方的角色——这是在 19 世纪至 20 世纪初期，跨阿勒格尼（Allegheny）地区小镇上的新教学校和公立学校中常见的例子［人们只需比较一下美国书报会（American Tract Society）和麦高菲（McGuffey）读本即知］。

32   再举另外一个例子，家庭和学校都关心孩子的智力发展，但是教师要求更严格，而家长则更关心持续发展——这种张力，恰是威廉·吉布森（William Gibson）1960 年关于海伦·凯勒（Helen Keller）之教育的佳剧《神奇的工人》（*The Miracle Worker*）的核心思想。或者，教师试图要解放（通过智力的、道德的或职业的选择），而家长则试图去束缚。人们可以想到无数例子，在这些例子中，家长更喜欢那些独立后马上有收入的孩子，而不喜欢那些持续学生角色而迟迟没有收入，不过一旦独立后通常收入会增加的孩子。或者，让我们记住杰罗姆·布鲁纳（Jerome Bruner）提出的行动性、意象性教育与象征性教育之间的区别，家庭可能会注重行动教育和意象教育（尤其是当它以电视教育为媒介时），然而学校却注重象征性教育。①

---

① Jerome S. Bruner, *The Relevance of Education* (New York: W. W. Norton, 1971), pp. 7-8, 18. See also David R. Olson, *Cognitive Development: The Child's Acquisition of Diagonality* (New York: Academic Pres, 1970), pp. 193 - 97, and David R. Olson, ed., *Media and Symbols: The Forms of Expression, Communication, and Education* (Chicago: University of Chicago Press, 1974), chaps. 1 and 6.

　　不管这些关系如何发展，我们必须明确它们的特殊性，而不能假设为普遍性的。教育机构在自己的角色和功能上，的确表现出一定程度的固执的连续性。只有期望家庭关心的是孩子们的价值观问题、学校试图促进的是孩子们的认知发展问题而图书馆鼓励的是利用书籍问题，才是合情合理的。然而，一个意想不到的差距经常会产生：逻辑上应该如此的与现实中实际如彼的常有差距。人们知道，父母会抛弃他们的孩子，学校也不总能重视知识，图书馆或许对收藏图书更感兴趣而不是允许人们来阅读图书。

　　在教育格局这一概念与社区这一概念之间明显地存在一种不可逃避的关系。大部分空想的作家们都已经认识到这一点，把他们的乌托邦描绘成完美的教育格局，在那里，所有的组成团体和机构在其努力和效果上都是和谐与互补的——这样一个偶然性的事实使得杜威 1933 年所描绘的那个乌托邦显得更有趣了。然而，在现实社会中，这种和谐与互补经常被替代性教育格局的出现以及个体教育机构常常中和外界的（和冲突的）影响这一事实抵消掉了。

　　美国的经验在这方面可以做出说明。拿我对殖民地的研究来说，在一个新英格兰的城镇［马萨诸塞州的戴德姆镇（Dedham）］、一座南方城市（弗吉尼亚州的伊丽莎白市）、两座中部殖民地城市（费城和纽约），把这四个地方的家庭、教堂和学校（以及目前的学院和出版社）之间多样的和变化的关系看作典型的殖民地教育格局会有一些收获。由于具有时代特点的典型的简单性和地方性，尽管新英格兰为建构乌托邦做出了努力，但教育格局与社会之间的任何重合之处充其量也只是部分的。在 17 世纪，这四个地区都不断地与英国和欧洲大陆的文化中心进行着持续的交流：这些家庭学习在伦敦和爱丁堡准备并印刷的说教文学；教堂、学校采用来自法国、瑞士、荷兰的各种各样的教学方式；业余科学家们可以与许多欧洲城市的同行交换数据。重点并不是否定地域和本地区的重要性，而只不过是提出即便在殖民地发展的早期阶段，教育机构也已经同多种外部影响相互调和，社区也并不是被简单隔绝的地理上的区域。到 18 世纪，这四个地区都已经发展出了多种教育格局，只有少部分是相互重叠的：有的人在他成长的最初几年生活在戴德姆新教义派或保守派牧师控制的社区的白人家庭中。之后，他可以在地区学校中参加任何一种与其他孩子和成年人联合的长期协会；有的人在纽约街区的黑人家庭中度过童年时光，之后会进入与任何一种白人家庭达成的、充其量不过是一套严格限制的关系中。

到 19 世纪，大部分的本地社区都融合了多种教育格局，而大部分的教育格局是由与非本地影响不断调和的机构组成的。印第安纳州的家庭读的书是以在辛辛那提沿街叫卖宗教书的小贩兜售的书为基础而印刷于新西兰的；田纳西州的教堂和主日学校所教授的礼拜礼仪和纪律是发展于欧洲并强化于巡回或无教区当局的；弗吉尼亚州种植园的街角社区是与北部和西部印第安地区的解放运动有联系的；纽约的报纸印刷的内容是通过电缆和电报传递自地球遥远的角落的。在 20 世纪,教育机构的进化、大都市和跨国社区的出现(它们是由通信革命尤其是网络电视提供便利的)加速了两者的发展,最终改变的正是本土的与世界的性质。如今,美国人正面临着比以往更令人困惑的教育格局,不过,他们受制的是教育影响的更大的共性。

还要说明的最后一点,是关于教育格局与社会稳定、变革现象的关系。由于教育机构和教育格局向青少年传递文化,它们在维持社会稳定和持续性方面扮演了由来已久的角色,不过,注意到文化冲突和混乱可以像文化协调和一致一样相当有效地传递也很重要[只需要查阅林德(Lynd)在其对印第安纳州曼西市(Muncie)的经典研究中有关中部城市精神的章节,就可以了解到在 20 世纪 20 年代和 30 年代之间,曼西市的家庭、学校、教堂所面临的问题]。而且,教育机构和教育格局在促进和加速社会变革方面也扮演着重要的角色,对此,人们可以想一下在美国大革命时期激进牧师和印刷商们所产生的影响,想一下我们这个时代电视新闻(和广告)对一些先锋性的社会运动所产生的影响。①

关于这些现象,一个教育的生态学方法被证明是颇为有益的。这种方法认为教育机构和教育格局之间是互相联系的,并且同支撑并反过来影响它们的社会有联系。因此,举例来说,

---

① Robert S. Lynd and Helen Merrell Lynd, *Middletown in Transition: A Study in Cultural Conflicts* (New York: Harcourt, Brace, 1937), chap. 12.

我们传统上认定的 19 世纪公立学校的超常影响（特别是在被
奉若神明的阿勒格尼的美国西部小镇上），其源于公立学校自
身的影响比不上只有公立学校一个组成部分的教育格局所产生
的影响。一般情况下，白人新教徒家庭、白人新教徒教堂、白
人新教徒主日学校，连同公立学校在内组成了一种教育格局。
在这种教育格局中，若干组成机构的价值和教育方法碰巧是互
相支持的。另一些同时代存在的教育格局则充满了内部斗争。
因此，如果一个人把印第安保留地看作一种教育格局，那么他
会立即意识到在家庭教导和宗教指导之间、印第安价值和白人
价值之间、抵抗的长处和包容的长处之间的张力。①

总而言之，在探求社会稳定和变化（特别是社会改革和改
革的阻力）的根源时，人们必须考虑到所有教育机构可能的贡
献，牢记决定性因素可能会存在于其他地方。教育机构中的精
细的平衡，教育和其他因素之间的精细的平衡，有可能随着历
史环境的不同而不同，以至于简易的概括——马克思主义或者
其他学说——并不充分。然而，在最低限度上，人们会避免向
教育索求太多（即便是像此处建议的从更广泛的意义上来说）。

最后值得注意的一点是，在任何给定的时间内，社会都倾
向于依靠某一个或其他教育格局作为有目的培养的重要工具。17
世纪和 18 世纪美国人最常依靠家庭和教堂，19 世纪和 20 世纪
则转向依靠学校。所选择的机构或许并不一定是最强大或者最有

---

① 尽管生态学的概念带有某种在此处并不相关的、源自生物学的抽象意蕴，但因为它
对关系的强调而有用。

效果的，不过它们被选择的事实会提升它们的影响，不管是在它们作为一部分的教育格局内，还是在它们所试图影响的社会上。

Ⅲ

进入教育情境的个体带有自己独有的性情、历史和目的，每个个体都以不同的方式与既定的教育格局互动，并且产生不同的结果。由此，考虑到互动和结果，考察个体生活的历史就同考察构造自身是同样必要的。教育生活史聚焦于从个体已有的和当下经历的角度所获得的教育经验（人类学家们可能会称之为"自我视角"）——来自他人通过有目的的、系统的、持续的努力所传递或激发的知识、态度、价值、技能、感知，以及个体自己有目的的、系统的和持续获得知识、态度、价值、技能、感知的努力。

教育生活通常开始于他人（父母、亲戚、同龄人、牧师、学校老师）培养某种态度、行为以及传授某种知识、价值的努力，开始于个体对这些努力的回应。这会一方面形成信任、了解和实践的选择性调适和模式，另一方面形成一种对那些正在从事培训和教育的人不可避免的影响。从教育的视角看，在此进程中的一个重要现象是在不断成熟的个体中出现一种有特色的生活方式，其核心可用戈登·W·奥尔波特（Gordon W. Allport）"自我统一体"的概念来描述。正在成熟的个体的一个行为特点是不断提升自我奋斗（propriate striving）的程度，其中部分是明显地采取了沿着特定路线发展自我这一有目的的

29

努力的形式，或者，另一种说法是自我教育的努力。在苏格拉
底学说的意义上，自我奋斗对于个体就如同教育对于社会：前
者把教育看作个体夙愿，后者则被看作社会夙愿。两者都属于
已经检省过的生活的成果。即便如此，人们也必须留意对教育
发展的描绘不能是简单的、直接的、直线式的对于自我奋斗的
直接反应，必须留意去假设缺乏了自我奋斗就不会有教育发
展，必须留意认为只有知识分子才检省生活。而且，人们也必
须牢记，除去教育外，还有其他很多因素在形成个体中也发挥
着作用。①

在任何教育生活史中，一个关键的因素是我的同事霍普·
詹森·莱希特（Hope Jensen Leichter）所提到的一种教育风格
的出现。它是一套有特色的方法，个体参与其中、贯穿其中并
且把一生的教育经历都结合起来。据推测，她认为这些模式可
能在同"教育上重要的他人"的早期相逢中开始学到，然后在
随后的经验中得到强化或调整、确认或否认。它们在整体上成
为个体凭此接近、经历、追寻和组织教育的模式。本杰明·富

① Gordon W. Allport, *Becoming: Basic Considerations for a Psychology of Personality*
(New York: Holt, Rinehart and Winston, 1965), pp. 45—51. 这里以及在这些文章中其他地
方使用到的"paideia"（教育）这个术语，因其所包含的若干意思而特别地有用。古希腊人在
很多意义上使用这个术语（这些意思通常也互用）代指"教育"、"文化"或"社会的、政治
的或者伦理的夙愿"。在本例中，我是在最后一层意思上使用它的。考虑到这些不同的意思
中对社会的强调，也一直有人认为"paideia"这个概念与个人的自由和成长是不相容的。他们
或许能回想起用于"politeuesthai"（政治参与权）的同样的古希腊语的意思是"活着"和"参
与公共生活"。对他们来说，同样对于 2 000 年以后的约翰·杜威而言，个体性是不可能脱离
开某种形式的公共生活而得到界定的。参见 Werner Jaeger, *Paideia: The Ideals of Greek
Culture*, trans., Gilbert Highet, 3 vols. (New York: Oxford University Press, 1939—
1944), 1: 110 and *passim*。

兰克林的一生就是一系列的教育规划，凭此他不断地塑造和重塑他的性格和感知能力——至少，在自传中他愿意这样去描写他的生活。弗雷德里克·道格拉斯（Frederick Douglass）回忆在他少年时期曾利用与同龄的白人少年的友谊作为学习读书的机会。玛格丽特·桑格尔（Margaret Sanger）似乎从她父亲那里吸收了一种强烈的和无畏的独立，这在她后来的教育道路（和其他所有事情）上都打上了印记。教育风格自身一直都面临着不断的考验和变化，不过当个体在一个教育格局中从一个机构转移到另外一个机构时，以及从一种教育格局转移到另外一种教育格局时，它的确提供了保持持续性的一个重要的因素。此外，当教育风格一般终将把作为个体走向成熟的自我奋斗包含在内时，教育风格就成为包含了其他许多要素的更为广泛且更为综合的现象。

具有明显教育风格和教育自主权尺度的个体，将会接近某个带有他自己的目标、规划和学习习惯的特定教育机构或组织。其结果无疑是一种独特的互动，它既不能通过对孤立的机构的研究，也不能通过对孤立的个人的研究而做出预测。还有，通过有意识的或者偶然的机会，个体会发展出他自己的"教育上重要的他人"的网络。这一网络与既有的任何教育格局既可能相符也可能不相符。来自某个虔诚的东正教家庭的儿子，可能会蔑视父母、同龄人、牧师，而进入一所世俗大学去上学；来自某个坚持怀疑态度的家庭的女儿，也会不理睬父母、同龄人、老师而加入原教旨主义公社中；一个不确定目标和愿望的年轻人也会偶然碰到某个特殊的成年人，并基于个人原因而把他作为自己的楷模和老师。类似的例子很多，重点在于把在形成教育机构模式中所涉及的外部关系与个体的特定经历区分开。

在教育生活史研究中，最困难的一个问题是在成熟、学习、发展和教育之间做出区分。按照粗略的定义，成熟指的是相对独立于外部条件或经验的个体的变化；学习指的是由经验造成的行为的变化；发展指的是由成熟与学习的互动而引起的个体的变化。教育，尽管与发展有着密切的关系，但是在此处的界定却与之有着明显的区别。从个体的角度来看，教育指的是个体为获得知识、态度、价值、技能和感知而付出的刻意的努力，以及由这些努力带来的后果。并且，它也指由其他人所做努力的后果。尽管所有的学习不都是教育的必然结果，但以大体相同的方式，教育理想上的结果却是学习；尽管所有发展不都是教育的必然结果，但教育理想上的贡献却是发展。①

教育传记是对个体生活的记录或描摹，集中于教育的经验。在教育传记的概念和更为一般的传记自身的概念之间有着

---

① 要了解目前对发展的大量界定和解释，可参见 L. R. Goulet and Paul B. Bates, eds., *Life-Span Developmental Psychology*: *Research and Theory* (New York: Academic Press, 1970), and Paul B. Bates and K. Warner Schaie, eds., *Life-Span Developmental Psychology*: *Personality and Socialization* (New York: Academic Press, 1973). 还可见于 Lawrence Kohlberg and Rochelle Mayer, "Development as the Aim of Education," *Harvard Educational Review* 42 (1972): 449—496. 科尔伯格和迈耶宣称得出了一个杜威主义心理学和皮亚杰主义心理学的综合论，但其结果在我看来却是皮亚杰主义更胜于杜威主义。

显而易见的关系。事实上，如果给出一个关于教育的足够宽泛的定义以及一个足够完好界定的"自我统一体"的对象，这两个概念就融合了。在一些经典的名人自传中，它们也是融合的，值得提出的有本杰明·富兰克林、约翰·斯图尔特·密尔、亨利·亚当斯的自传。在这方面，詹姆斯·奥尼（James Olney）在最近出版的自传理论中提出的"自我暗喻"（metaphors of self）的概念，就是非常有效的。奥尼论述说，暗喻"是已知的东西和我们正在制造的东西，或者最起码是我们选择了的东西，它们被我们提出来应用于支持并帮助我们理解未知的和不是由我们制造的东西；它们不仅能通过自身单独的主观意识对意识本身进行指示，同样也对客观现实进行指示，因为它能够形成并且控制"。重要的是，要认识到出现于自传中的暗喻一般是回顾性的，因此比奥尼所说的生活的"客观现实"清楚、简单、明确得多。而且，每个人都有一些他自己的自我暗喻，即便他没有写出自传，即便暗喻可能是用常见的术语来构思和表达的。根据奥尼的构想，教育传记作者可能会问：主体似乎会选择或相信哪些"自我暗喻"？这些暗喻如何影响主体对教育的追求，主体又如何回应它们？反过来，暗喻又是如何由教育来确认和修改的？

Ⅳ

从最一般的意义上，教育的过程一方面是具有某种特定性

格、生活史的个体与一个或多个在教育格局内相互联系的教育
机构之间发生的一系列活动，另一方面是朝向自身发展的有目
的的努力。它是一个充满讽刺和矛盾的复杂过程。教师和教学
内容常常与教育目的、教育前景相异，在很多情况下两者也与
赞助方相异。所教的并不总是学生期望要学的，反之亦然。所
教的也并不总是所学的，反之亦然。当所教的成为事实上所学
的，通常学习是经历了很长时间的，并且是一而再、再而三地
去除前面所学的，这样，刻意学到的和偶然学到的最终以这样
44 的方法融合起来，乃至于变成实质上没有什么区别了。此外，
教育中常常会出现计划外的后果。事实上，它们比刻意的教育
后果更重要。

　　除去这些以外，在任何教育活动中，在任何层面上总发生
着许多事情。已经去世的朱尔斯·亨利（Jules Henry）曾经把
学习称作"多相的"学习，他的意思是人类有一种强大的、内
在的、在一段时间内学习多件事情的倾向性。这个术语同样可
以应用到教学上。教育中几乎总牵涉多重目的，而且其结果也
几乎总是多重的。而且，目的和成果常常是矛盾的，正如它们
常常是互补的一样。如果不同时产生限制，教育就不会解放什
么，而且如果不同时压制，教育就从来不会赋予权力。所以，
问题很少是完全的自由来对抗完全的控制，而是平衡点在哪
里、终结点是何处以及提供了何种选择。最终，可以说，直到
所有结果出来之前，说教育的结果很少同步实现而且常常延
迟，以及任何特定努力的全部效果都不能够断定，这几乎是一

个真理。①

近些年来，一直有一个明显的趋势，它用来自日常生活的常识性假设或者从这个或那个行为科学中借来的片面的理论简单化地看待教育活动。也出现了许多流行的评论，比如，有人认为学校是唯一的教育者，而学生是一张白纸。接下来，他们暗示说教科书代表了教育的精髓，因此，一旦教科书的内容确定了，就可以借此推断教育的效果了。这些猜测导致了1974 年到 1975 年西弗尼吉亚州卡纳瓦县关于教育的激烈争论。②

与以往非常不同的是，近年来许多历史学家试图采用现代行为科学的理论来发展出一种对教育活动更复杂的理解。然而，这个理论常常不能被完美地应用，或者在应用时没有足够的数据来参考，这导致教育进程充其量是个截短了的版本。因

---

① Jules Henry, "Culture, Education, and Communications Theory," in George D. Spindler, ed. , *Education and Anthropology* (Stanford: Stanford University Press, 1955), pp. 196-199. 亦可见于亨利有名的 *A Cross-Cultural Outline of Education*，这里提供的很多建议都可以在其中找到，见 *Jules Henry on Education* (New York: Random House, 1971), pp. 72-183。

② 我感激黑德尔 (Fritz Heider) 常识性分析的观点，见 *The Psychology of Interpersonal Relations* (New York: John Wiley, 1958), chap. 4. 值得注意的一点是，常识性分析并不一定是简单的，反而常常不简单。事实上，有些学者常常把常识性知识、思维和决策当作系统分析的论题。例如，Harold Garfinkel, *Studies in Ethnomethodology* (Englewood Cliffs, N. J. : Prentice Hall, 1967), chaps. 2 and 3 and *passim*. 新民族方法学中的一个议题是常识性思维与科学思维之间——如果存在的话——的关系或相似之处 [See, for example, the several reviews of the Garfinkel Volume in the *American Sociological Review* 33 (1968): 122-130; Kenneth E. Boulding, *The Image* (Ann Arbor: University of Michigan Press, 1956), and John Dewey, "Common Sense and Science: Their Respective Frames of Reference," *The Journal of Philosophy* 45 (1948): 197-208]. 西弗吉尼亚州卡纳瓦县关于教育论争的分析，见 *The 1975 World Book Year Book* (Chicago: Field Enterprises Educational Corporation, 1975), pp. 41-45。

此，举例来说，斯坦利·埃尔金斯（Stanley Elkins）在其先驱性的研究《奴隶制》（*Slavery*，1959）中，应用了布鲁诺·贝特尔海姆（Bruno Bettelheim）关于纳粹集中营生活的心理学解释，试图要理解在南北战争前的美国奴隶人格的发展情况，并得出结论说使得集中营内的囚犯像他们的捕获者一样看待自我的心理机制，导致 19 世纪的这些奴隶展现出以黑人桑伯（Sambo）偏见为代表的儿童化的行为。然而，埃尔金斯的分析的困难之处在于，它不完美地应用了贝特尔海姆的观点，仅仅集中于贝特尔海姆所看到的在集中营内存在的若干心理机制中的一个，在没有参考存在于奴隶中的证据的情况下，便接着断言该机制的适用性。①

相似的是，迈克尔·卡茨（Michael Katz）在 1971 年出版的富有想象力的著作《阶级、官僚和学校》（*Class*，*Bureaucracy*，*and Schools*）中，着重论及应用于官僚现象的社会理论内容。由此理论，他推断说教育情境的基本结构，与由老师们自己可能选择介绍的任何课程相比，是教育过程和结果的更强大的决定因素。关于官僚的理论明显与教育相关联——某个机构的组织当然会影响到它执行其功能的方式。但是，卡茨所做的是追溯了 19 世纪城镇教育的官僚化，他断言当今世界的官僚一直是资产阶级的发明，代表了"资产阶级社会态度的具体化"。而且，他接着推断说，在过去一百年公立学校教育的决

---

① 关于埃尔金斯研究的争论，可参见 Ann J. Lane, ed.，*The Debate Over Slavery：Stanley Elkins and His Critics*（Urbana：University of Illinois Press，1971）。

定性因素一直纯粹是一种由资产阶级对工人阶级施加控制的计 *47*
划好的社会不公平性上的经验。同样，这个推断也是在没有参
考有关教育经验自身的数据的基础上做出的。①

　　对教育活动进行简单化理解的趋势，也出现在近年来由
詹姆斯・S・科尔曼（James S. Coleman）的《教育机会的公
平》（*Equality of Educational Opportunity*，1966）所提出的
关于教育理论（和政策）的争论中。科尔曼的数据确实显示
出教育的效果不如传统中所设想的那样有力和统一。然而，
他的数据并没有表明学校没有力量，它表明的是学校是同其
他机构一起成序列、同步地进行教学，而且它对于不同个体
的效果部分地取决于其他机构对个体的影响。并不是学校教
育缺乏效力，而是学校教育的效力必须和其他较早发生的和
在其他地方发生的经验（其中有一些在本质上是具有教育性
的）的效力联系起来理解。这点已经明显地影响到对那些忽
视其他教育因素、未能持续地保持或拒绝为它们而改变的教
育效果的评价。

　　大体来说，正是教与学的理论才是为说明教育活动本性所
做的努力的核心。然而，很清楚的是，就像源于若干行为学
科、初看上去仅与教育稍稍相关的其他理论一样，文化适应理
论、角色理论以及人类发展理论（包括心理分析理论）是大有
希望的。这些理论因为指向了某些教育数据可能产生的意义并 *48*

---

　　① Michael B. Katz, *Class，Bureaucracy，and Schools：The Illusion of Educational Change in America*（New York：Praeger, 1971），p. xxiii.

且为某些教育现象提供了可能的解释而富有成效，那些致力于洞察教育进程的人必须全面地开发利用它们。当然，与行为学科相联系的那些科学方法——从临床观察到大规模调研，从心理学分析到网络制图——也同样如此。①

　　诚然，约翰·杜威于半个世纪前在《教育科学的来源》（*The Source of a Science of Education*，1929）一书中提出的苛评，如今仍如同以前一样中肯——很偶然地是，它们在整个教育现象、结构、生活史范围内以及教育活动领域都适用。不过，在揭示教育现象的努力中，必须要利用大量学科的诸多教育性学识，必须仍要对来自任何具体科学的见识所具有的不可避免的偏颇保持警惕。而且还要认识到，在最终意义上，正是教育情况本身提供了研究的主题以及供此类研究结果检验和应用的舞台。杜威分析道："教育科学的来源是进入教育者内心、头脑和手中的所有确定知识的某些部分。这些确定的知识一旦进入，就会使教育功能的表现比以前更具有启发性，更富有人情味，更具有真实的教育意义。但是，除了通过教育行为本身的持续以外，再也没有其他办法来探究什么是'更具有真实的教育意义'了。探究从未完成，它永远都在进行中。"②

---

　　① 很多相关的方法都在加德纳·林德蔡（Gardner Lindzey）和艾略特·阿伦森（Elliot Aronson）的书中予以很好的讨论。参见他们主编的 *The Handbook of Social Psychology*，2d ed.，5 vols.（Reading，Mass.：Addison-Wesley，1968），vol. 2.

　　② John Dewey，*The Sources of a Science of Education*（New York：Horace Liveright，1929），pp. 76—77.

接下来，依次是两个结论性的评论。第一，尽管这里争论的要点是不拘一格的，但没有任何东西是注定去妨碍对作为科学探究精髓的那些严格界定问题进行有步骤的系统调查的。认识到教育是发生在许多情形和机构中的一个复杂的现象，并不意味着每个调研者都必须研究所有的东西。它的确意味着，调研者在界定他们自己的问题时，必须要注意到教育的复杂性和范围。他们的目标是，在考虑到问题的界限以及被认为是相关和重要的特定现象方面，不是少做界定，而是要做出好的界定。

第二，最好要牢牢记住，观念、理想和价值总是牵涉到教育。它们反映了人的本性的某种形象，即关于什么是可能的和渴望的东西，何时何地以及如何介入（或不介入），以便培养可能的和渴望的东西。它们提醒老师和学生知道人类的特定潜能，与此同时也让另外的人无视于此。它们推动个体行动起来——事实上，最有意义的知识分子的历史，准确地说就是面对这样进程的历史：通过该进程，思想成为社会的驱动力。 *50*

在教育的渴望和成就之间，在理想和现实之间，存在一个不可避免的鸿沟。而且，在申明的意愿和揭开的偏好之间，也常常有一个鸿沟。另外，理想本身通常会被环境所改变。尽管如此，它们有自己的生命和可靠性，而且它们深刻影响着教育，不管它们的内容有多少缺陷或者它们的实现有多么不完美。它们完全值得检验、辩论和改进，因为要教育的东西比简单的意识形态要多得多。

V

就教育的目标而言，我在本书中所试图描绘的生态学路径是中立的。家庭培育是教育性的；教室里的数学指导是教育性的；博物馆的展览是教育性的；工厂里的学徒活动是教育性的；青年之间的热情交流是教育性的；政府的宣传是教育性的；还有商业广告也是教育性的。生态学模式的要点在于指出教育情形的范围和复杂性。但是，要说价值不能应用而且判断不能做出，那是没有理由的。一个教育计划或机会，能够在多大程度上帮助个体扩展其视野、提升其感知力、合理化其行为？它在多大程度上能够帮助和鼓励个体去寻求进51一步的教育？那些熟悉杜威理论的人在这方面会认可成长的原则：杜威断言，教育的目的是人类个体的成长。除了更多的成长，成长就无所联系；除了更多的教育，教育也无所从属。①

生态学的路径也给20世纪前75年的进步主义教育者们的问题带来些许启示。因为，事实上，在这一时期内同时有两种发展占据了美国教育的舞台：第一种是学校教育的稳步扩展和延伸——在任务、范围、强度和追随者上；第二种是学校外的革命——暗含于电影、电台和电视的兴起以及由它们所支持的

---

① John Dewey, *Democracy and Education*（New York：Macmillan，1916），p.60。在 *The Genius of American Education*（Pittsburgh：University of Pittsburgh Press，1965，pp.30-36）中，我讨论了一些与成长的暗喻相关联的哲学难题。

美国家庭生活的转型。在某些方面，这两种发展是相互矛盾的。正如我的同事马丁·S·德沃金（Martin S. Dworkin）所指出的，它们引起了媒介教育（以流行娱乐的形式）和学校教育之间在更大范围的公共教育上的持续紧张——在风格、内容、价值和愿望方面的紧张。进步主义者们日渐感觉到了紧张——人们只要查阅20世纪20年代到30年代间约翰·杜威与沃尔特·李普曼（Walter Lippmann）就公共舆论的来源和特点的持续争论便可知道这一点——但是，他们并没有把它们充 *52* 分概念化，更没能解决这些问题。最后，进步主义者们恰在美国教育的基本格局开始发生激烈转变之时，就选定学校作为社会改革与个体自我实现的重要杠杆。他们发现自己所陷入的理论困境或许完全能反映他们对解决方案片面性的自我意识。无论如何，除了做出一种基础性的理论重构之外，没有任何方法可以解决这一困境。

现在，主要是在联合国教科文组织大力支持下，基本理论重构首先在欧洲进行了。大量报告显示，诸如"终身教育"或"再生教育"或"永久教育"等不同标题的理论重构自1968年以来就已经出现了。这些报告承认，教育在除学校之外的很多情形下进行，通过其他的很多机构进行；个体终其一生都处于教育之中；任何现实的国家或国际教育计划都必须考虑到这些基本事实；对于一个自由社会而言，这些计划的目标必须是：第一，建立帮助个体在一生中获得持续学习和培训的结构与方法；第二，使每个个体"通过自我教育的多种形式，在个人发展的目标和工具上达到最高的和最真实的程度"。的确，在研读这个文献时，人们会发现，一位又一位的作者都趋向于详述学校教育和"成人教育"的传统范畴。但是，也不能否认他们有一种为打破历史模式而共同付出的努力。事实上，一种结合53了人道主义期望和社会意识的理论正在出现。这种结合标志着进步主义运动发展到了对当今教育的性质和特点的现实性的理解。对于必须与社会的和机构的变革携手并进的知识重构而言，这是一个充满希望的时代。①

---

① Paul Lengrand，*An Introduction to Lifelong Education*（Paris：UNESCO，1970），pp. 44-45。关于"终身教育"或"再生教育"或"永久教育"的文献，数量巨大。在 *International Review of Education*［20，no. 4（1974）］的专辑中，有一些很有用的关于"终身教育与学习策略"的参考文献。在 R. H. Dave，*Lifelong Education and School Curriculum*（Hamburg：UNESCO Institute for Education，1973）也有参考文献。在众多更看好的模式中，有 Seth Spaulding，"Life-long Education：A Modest Model for Planning and Research，"*Comparative Education* 10（1974）：101-113，and George W. Parkyn，*Towards a Conceptual Model of Lifelong Education*（Paris：UNESCO，1973）。至今，最为知名的政策文件或许是 Edgar Faure et al.，*Learning to Be：The World of Education Today and Tomorrow*（Paris：UNESCO，1972）。该书将最广泛的视野都完全聚焦于学校和教室内的事情。关于终身教育与国家和国际发展的关系方面的文章，可见 James R. Sheffield，ed.，"New Perspectives on Education and International Development，"［*Teachers College Record* 76（1974-1975）：533-623］的几篇文章。要了解美国早期的贡献，见 Robert M. Hutchins，*The Learning Society*（New York：Praeger，1968），其中提出了一个对教育有意思的定义：教育是"旨在帮助人们变得明智的组织化的、蓄意的尝试"（p. 51）。

公共教育与教育公众

I

教育的生态学观点对教育政策制定将会有什么影响呢？如 57
果教育理论就是各种各样的教育性活动和机构之间的关系，以
及它们和一般社会之间的关系，那么什么是公共教育，公共教
育如何与公众相联系？对这些问题的三种思考方式包括：综合
地思考、相对地思考以及公共地思考教育问题。

首先，综合地思考教育问题。我们历来设想，在美国一个
多世纪以来，公立学校事实上单枪匹马地创造和再造了美国公
众，并且赋予公众与他人合作处理社会问题的独特的能力，而 58
不管其种族、宗教信仰、社会阶层如何。当然，这个设想并不
是没有根据的。多年来，公立学校极其努力地培养某种共同的
价值观和责任感，传授在一个相当多样化的社会中和平解决而
不是通过游击战争的方法解决冲突的技能。事实上，公立学校

已经成为美国社会中象征着找寻共同体者的代表。然而，公立学校从来不是单独地或者孤立地发挥作用。如我此前所述，公立学校取得成就，都是作为通常包括家庭、教堂、主日学校在内的教育格局的一部分在发挥作用，它们都致力于形成相似的或者互补的价值观。然而，每当教育格局遭到分裂，正如有时发生在较大城市中的那样，当多样化的离心力超过了共同体的向心力时，公立学校就不那么成功了。我的主张并不是公立教育失去了影响力——与此不同——我说的是公立教育的局限性。道理很简单：公立学校不应当为公众教育的成就而独占全部的表扬，同样，它也不应当承担全部的指责。

事实是，公众通过许多的机构来接受教育。一些机构是私立的，另一些是公立的。公立学校仅是众多教育公众的重要公立机构中的一个。毕竟，还有公共图书馆、公共博物馆、公共电视台、公众项目（其中最广泛的是军事服务）。当然，其他社会采用了很不相同的机构来教育公众。比如，苏联就采用了青年团，这是一个青年组织，是公共教育的一个重要工具。而中国在公共工厂和公共农场中就进行了类似的公众教育。印度、澳大利亚和委内瑞拉利用公共广播来训练远离学校的偏远地区公众的读写能力。

以上主张的另一面是认识到所有的教育活动都既能产生对个体的后果，又能产生对公众的后果。鼓励独立的家庭教育，谴责家庭教育的教堂宣教，拒绝接纳少数群体参与的工业学徒制度，扩大军事冒险对人类的后果的电视新闻节目——这些就是个体教育努力对公众产生深远影响的例子。

那么，总的来说，要做到综合地思考教育问题，我们就必须考虑到与多个教育机构相关的政策，不但包括中小学校和大学，而且也包括图书馆、博物馆、日托中心、电台和电视台、办公室、工厂和农场。考虑到我们今天所生存的教育世界，如果仅仅关注学校，那就是一种与非常易变和动态的形势相对立的防范心态。教育必须整体地来看，要贯穿人的整个生命，并且要看到在所有情况和所有机构中所发生的教育。显然，公共政策不会也不可能同等强度地触及每种情况——那种同等强度的情形只能在极权社会中发生，而且，即便是在极权社会中，它也永远不会非常像领导者们所希望的那样奏效。事实上，有些情况下，公共政策根本不会触及任何事情。但是，至少应该 *60* 把每一项都考虑到，以便就在哪里投入何种精力来为哪个客户达到什么目标做出明智的选择。当美国国会决定拨付大量资金给儿童电视节目而不是学校教育（而且，在处理儿童电视节目时，会不可避免地影响到成人）时，它就已经在这样做了。当地方社区在财政吃紧时决定关闭一个公共图书馆而不是一所公立学校时，它也已经在这样做了。我只是强调，可以被理解的可能性的范围，要远比过去更明晰了。而且，公共当局完全意识到教育的后果，处理这些分配问题时已经是理性的而不再充满幻想了。

偶尔，美国的学校政治从普通社区政治中长时期分离的情况已经影响了这里所提到的那种综合性分析。这种分离有良好的、充分的理由，亦即，让学校与最糟糕的党派争端绝缘。然而，它在我们这个时代的那些无意识的后果，一直以来常常会阻挠不同教育机构和当局之间的合作意图。约翰·亨利·马丁（John Henry Martin）和查尔斯·H·哈里森（Charles H. Harrison）在最近名为《自由学习》（*Free to Learn*，1972）的书中就提出成立"本地教育集会"，以之作为公民凭此探究他们和孩子们所能获取的教育服务的特点和质量的手段。这些集会为传统上自主性的个体和机构（既有公共的，也有私立的）提供一个借助政治工具来交流思想的舞台。除了在教育和儿童福利方面开展讨论和提供建议外，这种政治工具没有其他直接权力——多少有点以白宫会议的方式进行。现在，假如对话可以做到名副其实，假如任何建议真正是来自对话的话——可以承认，白宫会议并不总是这样——那么，作为激发公众对教育事务的兴趣同时也传递有关教育项目范围和种类的信息的工具，这些集会在各级政体中将会是非常有益的。毫无疑问，它们几乎也会为综合教育规划事业服务，尽管我认为这种规划应该由另外一些责任界定得更清晰、权力赋予得更明确的机构来执行。

Ⅱ

除了综合地思考之外，还必须相对地思考教育。相对地思考意味着首先要认识到财力和人力资源的分配以及相应的教育结果。如前所示，立法机构在决定将一笔资金投入公共电视领域而不是公共学校教育时，它们会这样做。尽管这些决定的结果常常是来自政治压力而不是来自围绕着何种教育结果是最希望得到的以及何种教育努力最有可能产生它而进行的深入审慎思考。 *62*

相对地思考也意味着，不论一种教育努力何时发生，它都不能隔离于其他教育机构之外，而必须是与其他教育机构相关联的。从对学校有利的角度来看，这是一个重要的原则。鉴于我的论点的主旨，我有时会被指责贬低了学校并对学校教师不感兴趣。没有什么比这更离谱的了。事实上，我感兴趣的是让学校和学校教师更有效。而且，除非他们意识到并实际上同其他的教育者们共同做事，否则他们就不会更有效。

当然，在一些科目领域，学校产生它所要教的大部分内容。数学就是一个例子。在数学课上，学生第一次在教室中就学到他所需要知道的大部分知识（尽管对于由教育发展中心为电视节目制作的新数学系列来说，这一点越来越不是真的了）。然而在其他领域，比如语言和文学，或者社会研究、卫生学、艺术，或者价值和道德领域，儿童会更早或在其他地方开始他的首次学习并且可能是最令人信服的学习。在这些领域，事情可能是这样的：学校能够做到的最好的事情，就是把其他教授者的教导引入进来，并且寻求去加强或补足、或改正、或消除、或反教，或者最重要的，也许是试着在学生中培育出要意识到其他教育者的存在并自主地与他们打交道的能力。

事实上，近期三份分别由总统科学顾问委员会（PSAC）、

63 凯特林基金会（Kettering Foundation）、美国教育办公室资助
的有关美国青年教育的报告，关注到这些关系问题。尽管撰写
报告的几个委员会的成员在身份隶属上有重叠，但是这些报告
最引人注目的是它们在诊断问题和推荐意见上有显著的相似
性。三份报告均从对当前高中学校的批评开始，把学校描绘成
一个主要是因自身成功而受害的严重混乱的机构。报告指出，
在不到一个世纪的时间里，学校从一个旨在沿着传统的学术路
线培养少量青少年的精英机构，演进成一个招录90%的14岁
到18岁的美国青少年的大众化的机构。然而，在此过程中，
它日渐设法把青年与其他社会成员隔离开来，并把他们组织成
严格划定的年龄群组（大一新生、大二学生、大三学生、大四
学生），使得他们不能与其他更小的孩子或成年人接触。用一
份报告中的话来说，学校已经有效地"代际脱钩"了。结果，
报告得出结论说，社会化的正常进程已经被削弱、被弄混乱和
断裂了，并且这些症状到处都很明显——在城市中学校的学术
标准持续下降方面，在大多数学校不断增长的非正常出勤方
面，在不断上升的偷盗、毁坏公物、人身攻击方面，以及在所
有学校的普遍异化方面。①

---

① *Youth: Transition to Adulthood: Report of the Panel on Youth of the President's Sci-
ence Advisory Committee* (Chicago: University of Chicago Press, 1974); *The Reform of Sec-
ondary Education: A Report to the Public and the Profession by the National Commission on the
Reform of Secondary Education, Established by the Charles F. Kettering Foundation* (New
York: McGraw-Hill, 1973); and "The Education of Adolescents: Report of the National Panel
on High Schools and Adolescent Education, United States Office of Education". 对"代际脱钩"
的引用来自教育办公室的报告，第6页。

　　为解决这些问题，报告鼓励学校系统开放，从而把不同代 *64*
的人联系起来。总统科学顾问委员会小组提出的建议可能是最
具深远影响的：高中学校应当变小和更加专业化，学生应被允
许同时或逐一进入一个以上的专业学校，学校本身要试验不同
的方式来成为为学生安排合适的校外教育（比如，在公司、托
儿所或者博物馆里）的代理。此外，小组也提出，应开发出一
个广泛而多样的工作—学习安排，以便让青少年能够继续兼职
工作，或者在兼职和全职工作之间转换。小组还进一步提出，
应设计等值于四年大学教育花费的特殊政府信用代金券，发给
年满（比如说）16 岁的青少年，以便从那个时候开始，对他们
进行教育的责任就掌握在他们自己手中了。最后，小组还提
出，应在本地的和非本地范围内建立政府作为发起者、基于试
验基础的青少年设施和公共服务项目（比如说，和平部队、服
务志愿队或者社区青年团），这将会使得正式教育和社区服务
能够携手共进。

　　正如公共委员会的报告通常出现的情况那样，总有一个基
本的理论体系支撑着诸多的建议。尤里·布朗芬布伦纳（Urie
Bronfenbrenner）1970 年在《两个世界的童年：美国和苏联》
（*Two Worlds of Childhood*：*U. S. and U. S. S. R.*）中就是在
这样的情况下提出理论的。布朗芬布伦纳采用美国和苏联教育 *65*
儿童的比较数据，列举出大人们和孩子们在苏联家庭、社区中
心、学校、青少年项目、农场、商店、工厂和政府部门，在不
断地面临某种共同的公民目标和道德目标下自由互动的诸

多情况。接着，他指出了在美国这种互动相对匮乏，看电视和同龄人活动趋向于代替了大人与孩子之间的联系。布朗芬布伦纳得出结论说："当我们读到我们自己研究的和别人研究的证据时，我们都不可避免地得出这样的结论，即假如目前的趋势仍然持续，假如我们社会的机构继续将父母们、其他成年人和大龄青少年置于积极参与儿童生活之外，假如由此产生的空白被年龄隔离的同辈人所填补，我们可以预料到我们社会的所有领域在年轻一代身上都会出现更多的疏远、冷漠、对抗和暴力——不管他们是中产阶级的儿童还是贫困阶层的儿童。"作为补救美国社会中社会化进程的分裂局面，布朗芬布伦纳建议进行一系列改革，所有改革的目的都是增加在真实的社会情境中儿童们与大人们联系的机会，在其中他们可以为值得的任务承担起真正的责任。①

现在，在报告和理论本身，有很多与它们相联系的最值得考虑的内容。一方面，我当然反对其中一些末世论的修辞——把学习称作"受到围困的机构"或"老化的罐子"；对各种各样选择机会的不合格（常常也不置可否的）的信心所做的表述。另一方面，我也关注某种程度的"青年"的实体化，这是一种趋势，指的是把青年称作一个明确划定的阶段，带有既定的显然不同于"儿童"和"早期成年人"的明确问题与需求（或许，这是一个与深深让人感到悲悯的青年的那份孤立相对

66

---

① Urie Bronfenbrenner, *Two Worlds of Childhood：U. S. and U. S. S. R.*（New York：Russell Sage Foundation，1970）。pp. 116-117. 亦可见于詹姆斯·S·科尔曼颇有影响的专著：*The Adolescent Society*（Glencoe, Ill.：The Free Press, 1961）。

立的似是而非的理论对称物)。最重要的是,我要批评把社会化当作单一透镜并通过它来评价学校教育整体规划的做法。美国总统科学顾问委员会的报告指责说大部分高中学校都是青年成熟过程中"不完整的背景"。有人可能回应说这个论断是个老生常谈,因为据设想,年轻人实际上应该在与家庭、教堂、同辈人、图书馆和许多教育机构的互动中变得成熟。并且,社会化只是教育过程的一个目标,而且还是一个片面的和有问题的目标。社会化也不是以个体成长的标准来评判的,当除去对社会背景明确的理解之外,就不能对个体成长有效理解时,社会化就成为一个工具而不是终极的目标。①

尽管受到批评,但这几个报告的确直接关注了学校教育、家庭教育、电视教育和职业教育之间的关系。这些报告的确要求学校充当其自身的教育项目与其他机构的教育项目之间的中间人,由此减少缩短义务教育期限的总体方案中固有的相互倾轧的危险。这些报告也的确提出了一个对自我教育的有效理解,并用设立一项政府教育代金券的提议来强化它。在这些方

67

---

① 把高中学校称为"受到围困的机构"是引自凯特林的报告,第8页。"老化的罐子"是引自教育办公室的报告,第6页。在总统科学顾问委员会报告中暗指的那些讨论在第2页。人们也可以就布朗芬布伦纳关于苏联和美国社会化模式的比较分析提出问题,所提问题的范围是他低估了——尽管他没有忽视——那些来自苏联更为紧迫和广泛的政治控制模式的差异性。在美国,人们只是拥有更多的自由来就意见和行为问题公开提出异议,这一方面是因为有限范围内的社会和知识会被界定为"政治性的",其中并因其本身而为社会化制造了一个不和谐的背景。这一点很重要。因为,倘若一个空想社会是一个其价值观和机构都完美地和谐并且互补的社会的话,那么一个极权社会——至少在统治者的理想中——也会是这样的。自由在其本质上去除了那种和谐与互补,由此也就去除了社会化的过程。但其前景理所当然地是自主,或者是面临多种选择时的真正抉择。换个方式来说,被破坏的东西同时也能够被增补。民主社会所面对的问题,就是在若干所涉及的价值中实现并保持一种适度平衡的问题。我的看法是,持续地让公众探讨什么是适度的平衡以及如何保持它,这才是决定性的。

面，这些报告在践行相对地思考方面大都远远地超过了其他。

　　与学校有关的就相对主义做出的所有论述，当然同样也适用于其他教育者。对于日托中心的员工、牧师、儿童百科全书的编辑和老年公民中心的主管，信息都是一样的：无论所做的是什么，要使之有效的话，就必须伴随一种对过去发生了什么和其他地方正在发生什么的意识。事实上，由于许多教育者都是在自由市场中运营的，他们的运转也依靠客户费用来支撑，所以在理解和强化同其他机构的联系上，如果没有其他原因而仅是基于谨慎的需要，他们比起学校中的人也更勤勉刻苦些。因此，日托中心紧密地与家庭合作，儿童出版社辛勤地同学校磋商，老年公民中心与地方的娱乐机构保持联系，教堂和犹太人集会把同所有这些机构的合作当作它们自己的事业。

　　最后，应当注意到的是，相对地思考与教育评估和责任有着特殊的关系，因为对某一特定教育项目的任何评判，都必须是在考虑到其他地方正在发生的影响该项目的事情的前提下做出的。这正是科尔曼和詹克斯（Jencks）关于平等的教育机会研究中透露出的真实信息，不是因为学校是无力的，而是因为家庭的力量很强大。由于学校教育在当今人们对教育理解中的突出地位，学校通常会因教育结果而接受所有的指责或所有的赞扬。事情常常是，当一个不管是在知识上还是更重要的学习技能和学习习惯上有欠缺的年轻人进入学校时，学校付出了巨大的努力，但在其成绩表上只是略有提升，学校会因为表现得不够好而受到责备。反过来，当一个已经向家庭和背景类似的同龄人学到了大量知识、具有了经过良好培育的探索知识的能力的年轻人进入学校时，学校可能会做出不大的努力就能使其成绩大放异彩地显现出来，然而此时学校会得到所有的赞扬。我的一个同事喜欢讲一个关于学校和高个子人的故事，学校的入学要求是身高要达到六英尺。从这个学校毕业了大批的高个 69
子，学校也因这一显著成就而占有了全部的功劳。

III

最后，我们必须公共地思考教育。这暗含着以下几点：首先，我们必须认识到在各种层次和各种地方都进行着教育的公共思考和教育公共政策的制定。它们发生在本地、州、地区、联邦和国际层次上，在立法机构、法庭、行政机构以及私立的和准公共公民机构中进行。关于把乘坐学校校车作为实现种族融合工具的政治斗争，以及劝说联邦通信委员会采取更为严格的管控儿童电视节目的规定的斗争，就是极好的例子。

在过去 25 年中，越来越多地依靠法庭的界定、主张和宣称某些社会的、教育的权利来制定政策，与此也是密切相关的。一个常被人提起的道理是，自二战以来，法庭一直是我们最有影响力的教育政策制定机构。但是，如同约翰·库恩斯（John Coons）所指出的，法庭容易强调差异性：它们会肯定个体或群体与已认可的政策有异议的权利。另一方面，立法机构倾向于处理那些算是普遍的对象的界定和发展状况。因此，70
越来越多的有关教育政策的问题追诉到法庭，从本质上和过程上来说就是同重要性作斗争，而且是同政体自身的重要性作斗争。我以前的老师亨利·斯蒂尔·康马杰（Henry Steele Commager）在坚定不移地支持公众自由事业上无人能出其右，几年前在一个关于多数人统治和少数人权利的讨论中曾经指出，追诉到法庭，特别是在宪法领域，是民主社会中为达到短期目标，尤其是在有关纠正民事和政治不公平事宜上，是一个非常强有力的工具。但是，追诉到法庭会使得对民主社会长期发展很重要的某些教育进程发生短路。毕竟，一旦终审法庭下发其裁决，上诉的机会就很少了。而且，在上诉的过程中，公众接受到的政治教育是非常少的。这并不是说沃伦法庭（Warren court）和伯格法庭（Burger court）没有在关于宪法规定的教育责任上试图从很多方面来教育公众。对于康马杰来说，这只是提出立法程序，由于有围绕着它的公众辩论，比审判程序更堪称是一个针对公众的更可靠和更基本的长期教育者。①

在这一点上，我应当非常清楚地补充说明，这里所讨论的内容中没有任何内容应当被看作对追诉到联邦法庭和州立法庭的政治后果的批判，从 1954 年废除种族隔离制度的布朗案，到 1971 年有关财产税和公共教育的塞拉诺案，从 1973 年关于宪法公平与教育财政的罗宾逊案，到 1975 年关于学生宪法权利与学校自由裁量权的高斯案，都是如此。这里仅仅要说明的是，从法庭裁定中得到的公共教育的进程，与导致立法颁布和

---

① Henry Steele Commager, *Majority Rule and Minority Rights* （New York：Oxford University Press，1943），chap. 2.

执行的进程非常不同。当前在波士顿关于校车的混乱、加利福 ⁷¹
尼亚州和新泽西州的立法机构在强制改革各自学校财政系统上
的失败，以及伴随着更近时期高斯法庭就小学生权利裁决后带
来的困惑，都阐释了这一事实。①

我最后的观点是关于法庭政治与立法政治之间的区别，即
考虑到教育公众机构的范围和类型，它们中有的是公立的，有
些是准公立的，还有一些是私立的，对公众进行控制的简单化
的观念越来越站不住脚了。毕竟，从人们在公立学校系统或公
共图书馆的管理中所看到的直接监管，到由联邦通信委员会对
电视行业所实施的那种管束，再到税收政策加在家庭的规模和
结构乃至给家庭教育的实质所带来的那种影响，控制在性质和
强度上是有所变化的。而且，假如看一下最大限度地远离了公
众区域的教育机构的权力，人们就不会否认有必要对公立学
校、公共图书馆和公共电视进行有效的公共管理，反而会肯定
有必要在超越直接公共控制范围的领域中开展公共讨论。因 ⁷²
此，我们就不可避免地回到了游说政治以及关于教育手段和目
的的政治对话上——这恰恰就是游说政治的精髓。②

---

① Brown v. Board of Education, 347 U. S. 483 (1954)；Serrano v. Priest, Cal., 487 P2d
1241 (1971)；Robinson v. Cahill, 62 N. J. 473 (1973)；Goss v. Lopez, U. S., 42 L Ed 2d 725
(1975).

② 关于游说政治和"政治"的角色，或者游说政治中的利益集团的问题，可见 John
Dewey, *The Public and Its Problems: An Essay in Political Inquiry* (New York: Henry Holt,
1927) and *Liberalism and Social Action* (New York: G. P. Putnam's Sons, 1935)；David B. Tru-
man, *The Governmental Process: Political Interests and Public Opinion*, 2d ed. (New York:
Alfred A. Knopf, 1971)；and Stephen K. Bailey, *Education Interest Groups in the Nation's Cap-
ital* (Washington, D. C.: American Council on Education, 1975). 贝利的著作把关注点限制在
了与学校和学院相关的政策发展上。

　　我们生活在一个肯定个体性和多元主义的时代。而且，考虑到包括民主政府在内的政府用它们的权利在我们的时代中所做的事情，人们就可以理解并支持这类声明所具有的吸引力了。不过，假如说杜威教给了我们什么的话，那就是公共利益远大于所有私人利益的总和，而且一个切实可行的共同体要远超过一组人的集合。在这样的共同体中，每个都占有一席之地，每个人都有所追求。其实，《民主主义与教育》这部书既是一部关于教育理论的著作，又是一部关于社会理论的著作，而且杜威自己的观点非常清晰明白：在一个民主社会中，必须有健康的个人主义和健康的多元主义存在的宽裕空间，但是那种个人主义和多元主义都必须参与到对共同体的继续寻求中。实际上，只有当个体与空前广大的各类共同体相互交流时，个体性本身才能得以解放并得到全面实现。让我们回忆一下杜威的经典段落吧。

　　　　民主不仅是一种政府形式；它首先是一个联合生活的模式，是共同交流的经验的模式。参与到某一个利益中个体的人数的扩展，使每一个人都不得不在他自己的行动中参考到他人，并考虑他人的行动来给自己的行动以意见和方向，这种扩展就等同于打破了那些阻止人们认识自己活动全部意义的阶层、种族和国家领土上的障碍。这些更大量和更多样的联系点预示着个体必须做出回应的更多样的刺激因素。结果，他们会对自己行为的多样性加以重视。他们寻求一种力量的解放，但只要对行为

73

的诱使是片面的，这种力量就会一直受到压制。这样，他们也一定会在一旦封闭就会排除很多利益的群体之中。①

现在，有一些人总是怀疑杜威在自我的社会构成中完全地排除个体性。尤其是贺拉斯·卡兰（Horace Kallen）和 T. V. 史密斯（T. V. Smith），两人都是杜威哲学派别的自由主义者，他们感到必须把他们自己从杜威的观念中脱离出来并且必须对私人的、孤寂的和非分享的领域进行详细分析。他们认为这一领域是"自我性"的本质。杜威对此表示欣赏，但并没做出改变。他仍然认为个体应该总是"经验的中心和顶峰"，但是"个体在其生活经验中实际上是什么，取决于相关联生活的本质和运动"。我本人并没有发现杜威关于个体性的主张中把个人联系个人自主性的自觉反思排除在外。杜威只不过坚持认为，不管个体性是什么，都最终取决于个体性形成的社会情景。的确，他的这一坚持成为了各种形式的浪漫主义和神秘主义的一剂有用的解药，而这些浪漫主义和神秘主义会具体化自

74

---

① John Dewey, *Democracy and Education* （New York: Macmillan, 1916）, p. 101. 关于多元主义的经典著作是 Horace M. Kallen, *Culture and Democracy in the United States* （New York: Boni and Liveright, 1924）。关于新多元主义，见 William Greenbaum, "America in Search of a New Ideal: An Essay on the Rise of Pluralism," *Harvard Educational Review* 64 （1974）: 411—440, and Charles A. Tesconi, Jr., *Schooling in America: A Social Philosophical Analysis* （Boston: Houghton Mifflin, 1975）, chaps. 11—13. 关于多元主义与公众问题，见 Thomas F. Green, *Education and Pluralism: Ideal and Reality* （Syracuse: School of Education, Syracuse University, 1966） and "Citizenship or Certification," in Murray L. Wax, Stanley Diamond, and Fred O. Gearing, *Anthropological Perspectives on Education* （New York: Basic Books, 1971）。关于培育共同体的问题，见 Joseph J. Schwab, "Learning Community," *The Center Magazine*, 8 （May-June 1975）: 30—44。

我并使之从给予它意义的万端关系中孤立出来。①

那么，接下来，我们在个体性的需要与共同体的需要之间实现了一种合适的平衡吗？我有一个非常简单的起始论点，我认为它是不可替代的。我们在小群体中非正式地交谈，通过经由系统的政治进程的组织而更为正式地交谈。除非我们重新进行一次关于教育的伟大的公共对话，否则恰当的公共教育与的确合适的"公共性"创造就不会在我们社会中发生。事实上，我主张的是，我们需要对教育提出的问题是在我们的社会中，特别是在其历史的交汇点上能够提出的众多重要问题中的一个。"我们这些人"应该掌握什么样的共同知识？什么样的价值观？什么样的技能？什么样的情感？当我们问这些问题时，我们就在靠近我们希望居住的那种社会和希望我们的后代生活于其中的那种社会的内心深处。我们正在靠近我们希望塑造的那种公众的内心深处以及我们希望公众展示出来的那种品质的内心深处。我们正在靠近需要我们中的很多人都活跃起来的那种共同体的内心深处。②

两千年前，亚里士多德曾写道：当我们开始教育时，我们的目标是达到美好生活。然而，由于人们在他们的观念中对美

---

① Horace Kallen, *Individualism: An American Way of Life*（New York: Liveright, 1933）; and "Individuality, Individualism, and John Dewey," *The Antioch Review* 19（1959）: 299-314; T. V. Smith, "The Double Discipline of Democracy," *The Virginia Quarterly Review* 27（1951）: 515-527. 约翰·杜威的信条见 Clifton Fadiman, ed., *I Believe: The Personal Philosophies of Certain Eminent Men and Women of Our Time*（New York: Simon and Schuster, 1939）, p. 347。

② 关于谈话，人们会想起约翰·杜威在其 90 岁生日时说过的一句话："民主始于谈话。"见 Corliss Lamont, ed., *Dialogue on John Dewey*（New York: Horizon Press, 1959）, p. 88。

好生活的认识有差异，所以他们在针对教育的观念上也不尽相同。今天，这一断言就像它两千年前一样仍旧是真实的。很明显的是，抱有良好意愿的男人和女人们仍将会对教育产生分歧。公共教育最重要的东西是我们要达成某种关于价值观和政策的协议。我们不能简单地分割世界，我们也在共同基础上做决定。我们之所以在公立学校、公共图书馆和公共电视台上通过某个项目来这样做，是因为我们怀有一个希望我们的后代成长并生活于其中的那种社会的观念。这不是说我们要去除不同的生活风格和生存信念，或者去除那些保持不同的生活方式和信念存在的教育机构——不论是公共的还是私立的。这里说的是，我们要在一个相互尊重和理解的共同框架内实践那些不同的生活风格和信念。近些年来，我们太过于经常地在两者之间做选择了，就像一方是完全的隔离主义者的种族性，另一方则是某些可塑性的、拥有最低公分母的共同体。我会反对这两者，但赞成那种允许——不仅如此，鼓励——在某个统一的政策中存在最大变化的思想的新模式。我认为，在我们当代的公立学校、公共图书馆和公共电视系统中，已经出现替代项目的模型。而且，我认为我们应该培育、分享并宣传那些模型。归根结底，教育政治最重要的维度是讨论和界定那些模型可能采取的各种形式，以及它们可能教授的课程。另外，关于我们想要在青少年中培育什么样的知识、什么样的价值观、什么样的技能和什么样的情感以及我们想怎样培养他们的论争，比我们在任何既定时间内碰巧达成的特殊决定都要重要得多。因为论

59

争本身就是教育，而教育将会影响到公众自身得以创造和更新的整个机构。

当然，我的结论，也就是杜威的最佳论述。回忆一下他在1897年为《学报》（*The School Journal*）撰写的教育学信条。他提出，"教育是社会进步和变革的最根本的方法"和"所有仅仅立足于颁布法律或者以惩罚做威胁或者改变机械的、外部的安排的改革，都是短暂的和没有效果的"。归根结底，在一个民主社会中，政治的最基本模式就是教育。并且，正是以这样的方式而非其他的方式，教育者才最终投入政治中。这里最显著的就是杜威自己头脑中所存有的古老的预言家的角色。他在1897年写道，教师总是"真正上帝的预言家"和"上帝的真实王国中的引路者"。这位千禧年信徒强调的这些话语总让我感到有点不舒服，但其他的却是有深远的洞察力的。预言说：在其根本意义上，人们的使命就是通过批评和肯定达到他们最崇高的传统和渴望。我的主张是，预言是民主社会中教育者基本的公共职能。①

---

① John Dewey, "My Pedagogic Creed," in Martin S. Dworkin, ed., *Dewey on Education* (New York: Teachers College Press, 1959), pp. 30, 32.

预言家们的学校

I

正如早期新英格兰的清教徒们惯于指出的，进行预言是一
项艰巨的任务。缺乏勇气的人、未受过教育的人和狂热的人都
不能承担这样的任务。完成这样的任务需要责任、关爱以及良
好的学习习惯和审慎的思考。不过，清教徒们认为预言——他
们把它当作公众教育——对于联邦国家来说非常重要，以至于
他们刚在马萨诸塞海湾殖民地定居还不到十年时，就着手创办
了作为"预言家们的学校"的哈佛大学。尽管当时马萨诸塞州
几乎还未能维持一种可持续生存的经济状况，但却一度将很大
一部分财政收入拨给哈佛大学。正如萨缪尔·艾略特·莫里森
(Samuel Eliot Morison) 曾经指出的，在现代殖民历史中，再
也没有能与此相媲美的成就了。

　　如今，哈佛大学作为整体而不是其某些部门承担了公共教

82 师培训的任务。因此，它同威廉玛丽学院、耶鲁大学、普林斯顿大学以及其他一些美国早期的初创大学一样。一方面，即使以那个时代的标准来看，这些大学的规模也相对较小，因此不可能有精细的专业分工；然而，更为重要的是，与后来出现的现代知识领域相伴生的学院和大学的部门化当时还没有出现。除去医学、法学和神学之外，很少有以专业化的形式进行的职业性教学。我们今天所知道的教育的学校和院系，仅仅是在最近几百年才形成和出现的，它们主要是用来培训不断激增的公共学校体系中的老师和学校领导人的培训学校。还有，众所周知的是，这些学校和院系都被其客户们的关切所掌控。事实上，他们主要是进行教育的学校和院系。它们的教学和研究工作几乎专门致力于为学校准备人才和扩充关于学校的知识。它们的理论和方法几乎全部立足于从学校获得的数据。事实上，这些理论和方法主要来源于实验，即把学校设想成被隔离的机构，它所教的是那些没有受到父母、牧师、同龄人或市场影响的孩子。

　　这样一来，问题就出现了。本书中所提出的生态学的方法怎么会牵扯到教育者的教育呢？或者，在 20 世纪最后 25 年中，"预言家们的学校"是个什么样子呢？这时就出现了两个

83 选项：一种关于教育的广义上的学校，或者大体上专注于教育的学校。关于前者，有这样几种意见。首先，重复一下早前所提出的命题，一个现代化的教育院校应当综合地看待教育，这意味着要把教育的过程贯通到人的一生中，贯通在其所发生的

所有情况下和所有机构中，在一种广泛的多样化的社会和文化背景中，在过去、现在以及可有不同选择的想象的未来中。其次，一个现代化的教育院校应当相对地看待教育，这也就是说要把每一个教育活动或情境都看作与其他所有不可避免地影响到它的教育活动或情境是相关的。在 1930 年到 1940 年间，教育者们就已经懂得接受一个真理：教育，必须要总能看到其更大的社会的与政治的背景（教育理论本身就是一门关于学校和社会的理论）。此外（尽管不是替代它），教育者们还必须要从其更为广泛的教育背景（教育理论本身是一门关于各种各样的教育互动以及在相互之间及其与整个社会之间的情境中所存在的关系的理论）的意义上思考所有特定的教育努力。

在培训方面，它（指生态学的方法。——译者注）意味着一种激进的再界定和教育努力的再分配。意思是说，教育院系必须与牵涉到教育中的所有的角色、职业和专业直接联系起来。它必须把（比如说）某些从事日常工作的人员专业化和再专业化，必须确定性地使他们受到启发。而且，这种启发一定既发生在科学领域（我头脑中有类似于"如果你照着 A 这样去做，那么你有 80％的机会会得到 B 结果"的想法），又发生在 84 价值领域（我把这类问题称作"B 结果是我们首先想要的结果吗？如果是，为什么？"）。换句话来说，在教育院系中，应当存在智识上的启蒙和智识类的材料，它们不仅是为学校教师和大学教授准备的，而且也是为父母们、图书馆员们、馆长们和出版商们准备的。

至于课程，它（指生态学的方法。——译者注）意味着学习的过程应当来自从广泛的教育情境中得来的问题、数据和例子。它也意味着实践教学和田野教学应当在一个广大范围的教育机构中展开。而且，鉴于教育关系在实践和空间上是具有扩展性的，它也意味着准备从事教育事业的人应当获得在不止一种教育机构中工作的经历，应当面对不止一种教育对象，应当不止于一个特定的年龄群——在这方面，轮换实习的医学培训是一个很有用的范例。

显然，在所有这些工作中，教育学者必须与他人密切合作，不仅要与文学和科学学者合作（在我们生活的时代，这类合作常常被人质疑），而且要与从事社会工作、新闻事业和神学工作的学者们合作。这些学者长期以来一直工作在准备教育者的事业中，而在我关于全面性的论证中，没有任何东西应当被看作暗含着让教育院系为大学的任何单独的工作付出新努力的意思。另一方面，那些学者并不总像他们所提出的教育理论和原则中可能呈现的那样复杂。在我看来，社会工作者们如果把家庭看作教育机构而非单纯需要料理的单位，他们可能会从中获益的。我认为，如果教士们能够更严肃地把握住现代学习理论的意涵，他们也可能会更有效地进行道德教育。而且，我猜想如果新闻工作者们研究了最近二十年来的课程改革运动的话，他们也会在大众化而非庸俗化的问题方面学到很多东西。简单说来，我所说的情况就是（教育）要合作而非先行独占，问题的关键是要进行理性的思考，而不是独断的思考。

在学识方面，综合性而且理性地看待教育意味着对教育研究和发展项目的增进，该项目达到最好状态时将会超过20世纪60年代所做出的努力。事实是，大众教育只是人类历史上一个相比较而言更为晚近的现象。过去几十年来，就研究和发展我们认为已经做出了巨大的努力，但对此所知还相对很少。在人类历史上的大部分时间里，人们都相信只有精英才值得并且能够教育，而芸芸众生如果要接受教育的话，则应当被训练成伐木工和运水工。只是到了18世纪末和19世纪初，欧洲和美国的领导人——法国的孔多塞侯爵、美国的托马斯·杰斐逊、英国的布鲁厄姆勋爵——才开始梦想出现一种能够让每个人都有机会参与到艺术和科学中的普遍学校制度。毫不奇怪的是，他们在那些最容易接受教育的儿童那里迅速地获得了成功。通过家庭和其他机构中进行的早期养育，这些儿童已经做好准备接受学校能够提供的任何教育了。 *86*

在20世纪的今天，我们转向了更为困难的任务：对那些处在边缘地带的人实施教育——那些有生理、心理或情感障碍的人，那些因政治或社会的原因而被长期隔离开的人，那些由于其他各种原因而尚未准备好接受学校提供的教育并由此更难以教育的人。与此同时，我们再次学到了这样一个真理，即学校并不是唯一可进行教育的机构。例如，我们知道关于人幼年时期的情况，也就是，在生命最初的几年里，除非在家庭中已经进行了一些教育，否则后续的教育将会更加困难。我们知道关于青少年的情况，对于一些死硬的文盲，学校在教育他们上已经很悲惨地遭受了失败，但是如果把他们放到材料特别准备、学习机会合适安排、认知能力及其他技能方面的个人利益得到充分理解的像营地一样的环境中，他们在几个月的时间里也可以变成有文化的人。我们知道关于中年人的情况，在工作场所要比在教室里更容易教会他们东西，这一睿智的看法碰巧在美国教育史上最富有想象力的创新之一——农业推广服务（教育）中占主要地位的见解。我们也知道关于老年人的情况，对于他们来说，继续不断的教育严格说来就意味着生与死之间的区别。一些事物，比如诗歌和语言，在高中生和大学生那里无甚意义，但在老年人看来却大有意义。而且，在非正式的俱乐部里也比在正式的教室里、在别人的陪同下也比自己在家更容易学到那些东西。

87

　　事实是这样的：要理解未来的教育，我们将不得不建构一个理论体系。该理论体系从教育、引导我们找到适合各自的方法和技术、帮助我们为最有效率和最优效果的特定机构与特定生活阶段设计项目的所有机构中获得数据和概念。在发展这样一个理论体系方面，我们全国教育学院和院系的研究项目都将是很重要的。我们需要协调并综合大量的数据，这些数据目前在一部分大学中被归类为"社会化"，在另一部分中被归类为"文化化"，在其他一部分中被归类为"学习"。由此，在教育学院和其他某种学术的和职业的院系之间，最密切的可能性的智识关系就很有必要了。我们需要发现为什么一些家庭比另一些家庭能够更有效地培养人的好奇心，为什么同一个家庭中的两个孩子会表现出相当不同水平和风格的好奇心来，为什么一个在家庭中对所有事情都很好奇的年轻人在学校有时会表现出对所有事情都极其冷淡。我们需要发现为什么有些教堂和图书馆一周中的每天晚上都挤满了有兴趣的成年人，而有些则一直空荡荡的。我们需要找到电视节目中标志成功的儿童教育节目的熏陶与娱乐之间的平衡点，然后找出标志成功的成人教育节目的熏陶与娱乐间截然不同的平衡点。我们需要研究阿利斯泰尔·库克（Alistair Cooke）或者肯尼斯·克拉克（Kenneth Clark）或者雅各布·布鲁诺斯基（Jacob Bronowski）或者约翰·钱塞勒（John Chancellor）的教学风格，看一下我们能从他们那里学到什么，不仅仅是针对电视教育，也包括为了在学院、博物馆和成人教育中心进行的教育。与此类似，我们也需要回顾 20 世纪 60 年代末那一段时间里成功举办就业工作团的经验，看看我们能够从中学到什么可用于感化院、监狱和中途客栈上的。

一旦我们找到这些问题的答案，我们就需要学习比我们已知的更多的东西，来掌握如何让人们使用这些答案。现在仍然有一些父母还是很无情地刺激他们的孩子，认为刺激将会培养出他们的好奇心。现在仍然有一些电视节目还是毫无同情心地令观众生厌，认为即便是厌烦，观众仍能从中学到什么。现在仍然有那些把书籍远远地锁在封闭书架里的图书管理者，认为人们会来索要开锁的钥匙。而且，现在还有那些让犯人保持着闲散和孤立状态的监狱系统，认为闲散将会引导他们开始有创

88

造性的生活。

还有，我们也需要发展出比已有的要好许多的技术，用以监控和评估我们在教育上所取得的成就。关于我们在测试方面所达到的精致程度——在过去几十年的时间里，我们在这方面已经迈出了巨大的一步——对于应该评价什么以及出于何种目的来评价，我们的工具仍不够精确。它们所针对的几乎全部是与学习的认知性相关的内容。这些测试是出于选择的目的而把不同的个体区分开，而不是为作为一个整体的教育系统的表现提供信息。而且，这些测试几乎没有告诉我们从哪里学到了任何具体的东西，也没有告诉我们在一个机构中学到的东西与另一个机构中所学东西的关系，没有告诉我们不同的人在综合他们在各种机构中所学东西时的差别有多大，以及对于教授某种特定的知识或技能，最好的机构组合可能会是什么样的。考虑到为理解和评价人类的行为而在过去半个世纪中，我们的心理学家、社会学家、人类学家和教育家们已经设计出了一套复杂的技术，我们当然有能力做得更好。

最后，关于价值观还要说几句。毕竟，价值观在预言中是精髓部分。我已经过世的导师乔治·S·康茨曾在其代表作《教育与美国文明》（*Education and American Civilization*，1952）中很简洁地陈述过这个问题。他写道："伟大的教育没有迅捷和容易之途。要实现伟大教育的目标，也没有简单的工具和方程式。这样的教育既不会从对过程自身的研究中得到，也不会从孩子们的兴趣中或者任何的'好教材'中找到。

它只能来自大胆而且富有创造性地正视一种文明的本质、价值、条件和潜能中。任何一种教育都不会高出对普遍存在于其中、为其提供素材并且决定其目的和方向的那种文明的设想。"伴随着对教育模式和教育进程的研究，现代的教育学院必须在"教育在一个真正的人性社会中可能意味着什么"这方面开掘有根据并且富有想象力的前景。真正的人性社会是一个民主的社会，致力于维护人类的尊严和他们个体生命的价值。在这样的民主社会中，每一个人都被赋予用以最大限度地发展他或她的潜能的丰富而不同的机会。真正的人性社会也是一个跨国际的社会，它将其公共生活的范围延伸至生活在"地球太空船"[如芭芭拉·沃德（Barbara Ward）和巴克明斯特·富勒（Buckminster Fuller）所说的那样][1] 上的每个男人、女人和儿童。

关于这样的前景，近些年来出现了大量刺耳的声音，但相对来说很少有反思和对话。举例来说，对于平等的承诺一直得到人们大声的而且普遍的肯定，但却常常以跟它伴行的自由和友爱的价值观相隔离的形式出现，其结果是公众慢慢地开始相信学校因为没有使美国人平等起来而在某种程度上已经失败了的荒唐断言。以类似的形式，追求欣喜这一价值一直很广泛地被认为是教育的首要目标之一，但是它常常与坚毅、责任和忍耐等伴行的价值观相隔离，其结果就再次证明了公众开始接受教育失败的断言，因为学校制造的是并不充分的欣喜。在绝大

———————————

① George S. Counts，*Education and American Civilization*（New York：Bureau of Publications，Teachers College，Columbia University，1952），p. 36.

多数情况下，预言一直都是热心人贡献的千年幻想和糟糕的预知，而不是来自对过去和现实经验进行系统反思后进行的合乎逻辑的期望。①

91 　　这里所提议的那种训练、研究和反思应该为一些关键要素提供佐证，这些要素将有助于教育学院为政府在地方的、州际的、地区的和国家层面上提供一种新型的教育领导：领导者们能够从整体上考虑教育政策，领导者们能够解决在不同的教育机构中进行教育资源和教育任务配置的关键问题，领导者们能够帮助公众提升对民主社会很重要的关于教育目标和政策的讨论。近些年来，对教育问题公开讨论的水平还有很多不尽如人意、留有期待的地方：它一直以来常过于琐碎和无知，或者，比这还糟糕的是，如我所言，它被一些劣质的学术给误导了。但是，这样的错误并不在于公众，而是在于教育行业。教育行业没有能够做到更深刻地、更实际地、更动人地界定问题。我认为现在需要对问题进行更有效的界定，而且，我还认为界定问题的重要来源之一，将存在于全国范围内复兴的教育学校与院系中。

Ⅱ

　　一个广义的教育学院，即综合性并且关联性地看待教育的学院，所提供的是那种现代预言家学校的模式之一，另外一种

---

　　① Christopher Jencks et al., *Inequality: A Reassessment of the Effect of Family and Schooling in America* (New York: Basic Books, 1972); George B. Leonard, *Education and Ecstasy* (New York: Delacorte Press, 1968).

模式就是注意力主要集中于教育的大学本身。现在看来，争论大学应聚焦于教育几乎是荒唐的，然而事实上现时代的大学并没有聚焦于教育。恰恰相反，它们倾向于因太过于内部分裂而回避教育的综合性问题，更愿意把这些问题留给教育学校和院系（这些教育学校和院系至多只是在部分上曾经处理过问题）或者留给外部的机构。不过，恰恰是我所描述的那些研究和培训项目的范围与特征，使得它们不可避免地成为大学层面上所关切的问题。那些行为科学院系（特别是人类学系、生物学系、心理学系和社会学系）显然在任何针对教育进程的系统研究中发挥着重要作用。与人类服务有关的专业性院系（从医学到社会工作）当然会对教育在公共健康和福利方面的贡献感兴趣。而类似的是，专业性的管理学院（从商科到公共行政）必将对教育体系的政治经济学感兴趣。还有，各种各样的艺术与科学类的院系很明显会具有双重关切：一方面，它们关注通过有效的研究生教育而获得自身的延续和进步；另一方面，它们也关注自身独特主题的推广和通俗化。正如一个多世纪以前马修·阿诺德（Matthew Arnold）观察到的，在现代世界中，没有任何领域的文化（或学术）可以忽视将其发现人类化、以一种可以公开教授和理解的方式综合并整理它的责任。

不过，大学的关切超出了这些。约翰·杜威在《民主主义与教育》中指出，任何一种社会机构的价值都应当由其在"扩大并改善人们的经历"上的作用来衡量。或者，换一种说法，"每一个机构的终极价值都在于其独特的人类影响——它对于有意识的经历的影响"。他在这里所提出的是机构的一种工具性视角，也就是说，在理想的民主社会中，机构最终由它们所具有的真正教育性的程度来判定。现在，我在这里所提出的关于教育界定的批评之一，就是它对于目的性的强调很容易就掩饰了法律、文学和艺术所具有的教育作用。对此，我的回答恰恰相反。不管它们愿意还是不愿意，法律、文学和艺术总不可避免地塑造着人类。但是，只有当立法者、作家和艺术家们蓄意并且自知其努力、头脑中有了在人类中达到其意向结果的时候，他们才能成为真正的教育者。而且，相反的是，只有当公民自己意识到了法律、文学和艺术，头脑中具备了关于自我发展的目标，他们的努力才变得真正具有教育意义。缺乏这样的意向性以及对于目标与进程的自我意识，一方或者另外一方抑或理论上对于双方而言，就不存在教育了，所有的也只不过是影响而已。而且，即便当法律、文学和艺术的影响毫无疑问臻于深刻之时，它们所产生的影响也未必具有教育意义。①

　　一旦做出了这样的断言，那么大学介入公共教育就变得绝对而不可避免了。对大学校友的评价，将不再仅仅依据他们持续进行自我教育的能力。甚至更为重要的是，对他们的评价将依据他们参与并领导实质上具有教育价值的机构的能力。这样一来，律师们就成了潜在的教育者，艺术家们就成了潜在的教育者——所有机构的领导者都是潜在的教育者。他们能否实现这种潜能，在很大程度上取决于他们的知识和技能，而且更重

① John Dewey, *Democracy and Education* (New York: Macmillan, 1916), pp. 7, 8.

要的是他们在大学中学到的价值和责任。倘若大学教给他们的只是知识和技能，不管那些知识和技能是否尊贵地贴着高调的"专业"标签，都不会使他们成为教育者。由此而来的是，也不会恰当地教给他们如何在民主社会中提供服务。

Ⅲ

克拉克·克尔（Clark Kerr）在其 1963 年发表的戈德金演讲 [Godkin Lectures，后来以《大学的功用》（*The Uses of the University*）之名出版] 中追溯了现代大学的持续转型：从约翰·亨利·纽曼（John Henry Newman）理想化的学术殿堂到亚伯拉罕·弗莱克斯纳（Abraham Flexner）描绘的研究有机体，再到克尔在加利福尼亚州主管教育期间以加利福尼亚大学为代表的那种松散联盟的巨型大学。之后，他继续提出了那个最终的问题：智识是否能够成为现代大学的拯救者。他的回答是含糊不清的。他悲叹由全球的国家政府实施的巨型大学联盟的收编活动，但视之为不可抗拒和不可恢复的进程。由此，他只能希望巨型大学联盟相应地会使政治人性化并服务于搭建东方和西方之间的桥梁。与此同时，他对组织化学术那种无情的进展感到别无选择，于是用阿尔弗雷德·诺斯·怀特海（Alfred North Whitehead）在《教育的目标》（*The Aims of Education*，1929）中那个具有预见性的观察结束自己的讨论：

> 在现代生活的条件下，规则是绝对的，那些不重视经

过训练的智识的种族是注定要失败的。并非你所有的英雄主义，并非你所有的社会魅力，并非你所有的才智，并非你所有在陆地或海洋上的胜利，都能够扳回命运的手指。今天，我们依旧是我们自己。明天，科学将会向前迈进，即便是一小步，彼时对于未受过教育的人所做出的判断此时将不会再具有吸引力。①

20 世纪 70 年代，对于普遍意义上的教育和特定意义上大学的幻想之破灭，似乎距离甚至是克尔的分析中那种谨慎的乐观主义也已经有亿万年之遥了。我们登上了月球。我们掌控住了原子，用之于和平的目的。我们创造出了简单而且便宜的避孕形式，让女性从意外怀孕中解放出来。我们在美国几乎根除了小儿麻痹症。还有，通过所谓绿色革命，我们在应对世界饥饿问题上取得了实质性的进展。而且，巨型大学联盟在每一项诸如此类的进展中都起到了先锋作用。然而，幻想的破灭是普遍的。对此，人们可以追溯到多个源头：经济疲软，跟不上科技进步的步伐；对东南亚战事的失望；学生和纳税人对于大学教育收益所抱有的不现实的期望；还有，或许最重要的是，面对任何一种持续发展都至少也显得有问题时所出现的一种教育上的飘浮感和无目的感。②

不过，考虑到人们针对目的和手段展开过一场颇有价值的争论，以及渴望从中获得的重生的责任感，我们也没有理由认为

① Alfred North Whitehead, *The Aims of Education and Other Essays*, reprinted (New York: The Free Press, 1967), p. 14.

② Nathan Glazer, "Who Wants Higher Education, Even When It's Free?" *The Public Interest*, no. 39 (Spring 1975): 130−135.

公众的信心不能恢复。这场争论是我愿意号召广大教育者自己激发起来并加以界定的争论。为此，读一读《教育的目标》中紧接着克尔的引文之后的那段话是有益的，因为它实际上包含着解决克尔那个含糊问题的答案。怀特海警告说："我们可以对不少于从我们文明初始以来任何时间一直都流行的教育理想的传统概括感到满足。教育的精髓在于它是宗教性的。"接下来，怀特海解释说：

> 宗教性的教育是一种灌输义务和敬畏的教育。义务产生于我们掌控事件进程的潜能。可获得的知识可以改变事端的地方，无知就负有恶之责。敬畏的基础是这样一种观念：现世之中包括了存在的总和，不管是前世的还是来世的。时间之广，延至永恒。

在这里，和别处一样，他与杜威观点的汇合也是非常显著的，再说一次，教育者的作用就是做出预言，或者说是在传统和灵感之间进行艺术性的衔接。[1]

事实上，大学所代表的智识不能在救赎的意义上挽救现代社会，但它能够而且应该在帮助界定和实现合法的社会愿望上服务于社会。而且，社会愿望变得合法化的范围是它们来自广泛的公共协商。这种公共协商是社会经历的反映，也反映了个体成长经历的真意。怀特海曾经提出："现世即所在。它是圣地，因其是过去，也是未来。"它就是教育者必须占领用以唤起公众来界定"教化"之地。[2]

---

[1] Whitehead, *Aims of Education*, p. 14.

[2] Ibid., p. 3.

75

索 引

（为原书页码）

图书在版编目（CIP）数据

公共教育/（美）克雷明（Cremin，L. A.）著；宇文利译. —北京：中国人民
大学出版社，2016.1
（教育新视野）
ISBN 978-7-300-22304-9

Ⅰ.①公… Ⅱ.①克…②字文… Ⅲ.①教育研究 Ⅳ.①G40-03

中国版本图书馆 CIP 数据核字（2015）第 316416 号

教育新视野
公共教育
[美] 劳伦斯·A·克雷明（Lawrence A. Cremin）　著
宇文利　译
Gonggong Jiaoyu

出版发行	中国人民大学出版社				
社　　址	北京中关村大街 31 号		**邮政编码**	100080	
电　　话	010 - 62511242（总编室）		010 - 62511770（质管部）		
	010 - 82501766（邮购部）		010 - 62514148（门市部）		
	010 - 62515195（发行公司）		010 - 62515275（盗版举报）		
网　　址	http://www.crup.com.cn				
	http://www.ttrnet.com（人大教研网）				
经　　销	新华书店				
印　　刷	三河市汇鑫印务有限公司				
规　　格	165 mm×230 mm　16 开本		**版　　次**	2016 年 1 月第 1 版	
印　　张	6 插页 1		**印　　次**	2016 年 1 月第 1 次印刷	
字　　数	57 000		**定　　价**	28.00 元	